# 古典文獻研究輯刊

## 十八編

潘美月・杜潔祥 主編

## 第 14 冊

### 明代《文選》學研究

郝倖仔 著

國家圖書館出版品預行編目資料

明代《文選》學研究／郝倖仔 著 — 初版 — 新北市：花木蘭
文化出版社，2014〔民103〕
目 2+136 面；19×26 公分
（古典文獻研究輯刊 十八編；第14冊）
ISBN：978-986-322-622-2（精裝）
1. 昭明文選 2. 研究考訂
011.08                                103001309

ISBN-978-986-322-622-2

9 789863 226222

古典文獻研究輯刊
十八編 第十四冊                 ISBN：978-986-322-622-2

明代《文選》學研究

作　　者　郝倖仔
主　　編　潘美月　杜潔祥
總 編 輯　杜潔祥
副總編輯　楊嘉樂
編　　輯　許郁翎
企劃出版　北京大學文化資源研究中心
出　　版　花木蘭文化出版社
社　　長　高小娟
聯絡地址　235 新北市中和區中安街七二號十三樓
　　　　　電話：02-2923-1455／傳眞：02-2923-1452
網　　址　http://www.huamulan.tw 信箱 hml 810518@gmail.com
印　　刷　普羅文化出版廣告事業
初　　版　2014 年 3 月
定　　價　十八編 22 冊（精裝）新台幣 40,000 元

# 明代《文選》學研究

郝倖仔　著

## 作者簡介

　　郝倖仔，女，1981 年生。北京大學中文系博士，中國古典文獻學專業，先秦兩漢方向。美國加州大學聖 · 芭芭拉分校（UCSB）訪問學者，師從斯坦福大學東亞語言文化系 Ronald Egan（艾朗諾）教授。美國東方學會（American Oriental Society）會員。現爲國家清史纂修領導小組辦公室助理研究員。

　　博士學位論文《明代〈文選〉學研究》得到北京大學博士研究生出國研究項目基金資助；承擔全國優秀博士學位論文作者專項資金資助項目「《文選》學史」的子項目「明代《文選》學」。

　　從大學二年級（2000 年）開始發表學術論文，在《中國典籍與文化》、《文史知識》、《浙江社會科學》、《江淮論壇》、《遼寧師範大學學報》、《江蘇師範大學學報》等刊物獨立發表論文十餘篇，研究領域涉及先秦、晚唐、明清及近代文學文獻學，一文被《人民大學複印資料》全文轉載。並有編著《胡適傳論》（中國發展出版社 2008 年版）出版。

## 提　　要

　　清儒以來，學界長期無視明代選學價值。近年研究新氣象也僅僅局限在版本源流方面，缺乏獨立且體系化的論著。本書意圖將明代選學置於《文選》學史和明代思潮的時空坐標中，構成獨立的研究點。在梳理版本的基礎上，將明代的選學研究著述劃分爲刪述本、選本、廣續本、評點本四類，系統化地論述明代《文選》學在出版、傳播、教育普及、大衆文化等方面的影響與貢獻，以此證明其在思想史和文化史上的意義，以及在中國近代文化轉型期中的地位。

感　謝

北京大學博士生出國研究項目

和美國斯坦福大學艾朗諾教授的資助

# 目

# 次

# 緒　論

## 一、明代文選學研究綜述

　　文選學史的研究集中在隋唐和清代，前者是全盛期，也是李善注和五臣注兩大注釋系統的生成期；後者是文選考據學，尤其是關於李善注的考據學的鼎盛期。宋、元、明三代較少提及，尤其是明代選學，後世鮮有研究——從清代至今，未見專門研究著作。偶有觸及，也是一筆帶過。態度基本上是從清人考據學的角度出發予以全盤否定。明代選學以評點、刪選、廣續等形式爲主，順應市民文化趣味和日益加快的生活節奏。加之明代思潮湧動、人心活躍，多根據個人意志評論、變動前代經典。這種風氣爲潛心實證的清儒所不齒，因此長期蒙塵。清代結束後，儘管有「新文選學」的誕生及其之後的一系列文選學史的研究，但研究者多數師承清儒一派，成見根深蒂固。近期雖有個別論著的某些篇章和單篇論文意欲爲明代選學正名，但或者研究範疇與明代選學擦邊，只從本論題角度出發說上兩句；止於述評，理論深度和體系化程度都有欠缺。總之，正名的意識開始萌芽，切實的成體系、有深度的專門性研究著作還沒有出現。

　　以上是對明代選學研究狀況的簡單總述，下面試對清代以來相關研究進行梳理和述評。

### （一）清人對明代文選學的態度

　　清以繼明，清人無疑具有評價明人的話語權。因此，需要從清人對明代選學的態度入手，並近觀其如何籠罩後世選學。清人錢謙益是較早評論明代選學的學者。「唐人最重《文選》，有專門之學。六臣之注皆經進御覽。李善於注家本末詳備，識者以謂裴松之、劉孝標之流。而五臣荒陋可笑，蘇子瞻

極論之。近代爲纂注者不知持擇，駁雜見，學者往往習而不察。而《文選》之學荒矣……近代俗學盛行，劉辰翁、李卓吾之書家傳戶誦，即《短長》、《世說》，亦不復舉其全書，而況於《文選》乎？」〔註1〕抨擊對象主要是「纂注」和「俗學」。前者是以張鳳翼《文選纂注》爲代表的明代簡注本，矛頭指向《文選》刪述本；後者是明代的評點之學，矛頭指向《文選》評點本。這兩類本子的確是明代選學的主題，一求簡約，一重抒懷，道盡明代風情，卻得不到錢氏的認同。清人顧廣圻又進一步認定：「《選》學盛於唐，至王深寧（王應麟）時已謂不及前人之熟，降逮前明，幾乎絕矣。」〔註2〕

如果說錢謙益對明代選學的批評只是一個先聲，四庫館臣的態度則無異於選學史上的定音。說張鳳翼《文選纂注》「所引多不著所出」、有些觀點「未免太自用矣。」說林兆珂《選詩約注》「其訓釋文義較舊注稍爲簡約，亦無考證發明。」說陳與郊《文選章句》「點竄古人，增附己說，究不出明人積習，不如存其原本之愈也。」說鄒思明《文選尤》「取文選舊本臆爲刪削。」〔註3〕等等，或嫌明本不重學術規範，或責其自作主張隨意刪改。可以看出，清人評論的出發點在於「術」，包括研究方法、學術規範、考辨版本等。而明人著述的出發點在於「情」，發揮個人意志進行增刪、評點，是「文選注我」而非清人的「我注文選」。更何況，明人的很多選學著述從初衷上看就不是學術性的，而是普及性的，或是隨筆性的、鑑賞性的，用劃一的學術標準加以苛責，是不理性的。但不管怎樣，《四庫提要》的評論在事實上起到了蓋棺定論的作用，其影響一直籠罩到今天。

## （二）「新選學」對清儒觀點的全盤繼承

「新選學」的開山之祖駱鴻凱先生的《文選學》，在第三章「源流」中將「宋、元、明文選學」合併列成一節進行論述。駱氏認爲宋代選學尚且差強

〔註1〕〔明〕閔齊華注、孫鑛評：《孫月峰先生評文選・錢謙益序》，《孫月峰先生評文選》（《文選淪注》），明末烏程閔氏刻本，四庫全書存目叢書，集287，濟南：齊魯書社，1996年版，頁1。本書所引《孫月峰先生評文選》（《文選淪注》）皆據這一版本，以下恕不贅述。本書所引《四庫全書存目叢書》皆據齊魯書社版本，以下恕不贅述。

〔註2〕〔清〕顧廣圻：《顧千里集》，北京：中華書局，2007年版，頁372。

〔註3〕〔清〕永瑢：《四庫全書總目提要》，卷一百九十一集部四十四總集類存目一。上海：商務印書館，民國二十二年版，頁4236、4237。本書所引《四庫全書總目提要》皆據這一版本，以下恕不贅述。

人意，雖然王安石變法使得帖括代興，學者慕義疏之空疏，但只就一般之士而言，積學之士著書考訂中涉及《文選》者仍然不少。對明代文選學的態度則大不一樣。其總評「有明承宋元之後，定制以時文取士，選學益廢。著述之家或輯注釋，或施評點，或摘腴詞，其書類不足觀。」認爲八股之興導致選學之衰。輯注本、評點本是明代選學的主流，對此類著述的否定意味著對明代選學的否定。「清代文選學家述略」一節總論「有清學術昌明，一洗元明之陋。自亭林開其先，儒生輩出。」更是將元、明作爲一體看成是選學的衰落期。這種分期和態度對後世選學史的研究影響很大。駱著介紹明代選學是以《四庫全書總目提要》中所列明代選學著作爲基礎，又將另外廣續者五家附末。《四庫》爲清人所編，自然是清儒眼光，以此作論據，當然看不出明代選學的價值。他還特別指出散見於著述筆記中的有關《文選》的考訂條目，認爲這些條目有些價值，卻頗有學力不及清人之意：「其有非《文選》專著，而著書考訂，涉及選學者，若中葉之楊升庵氏，著《鉛丹總錄》，得《文選》五十五條，末造之方密之，撰《通雅》，得《文選》七十八條。升庵以博洽冠一時，而成書太急，時亦不免疏舛。密之考據精覈，方於升庵，後來居上。兩家於文選所得深淺，大率準是。」駱著對顧炎武的《文選》研究很是推崇，「晚有大儒顧亭林氏著《日知錄》，考證經史，旁綜藝文，其中涉《文選》者五十六條，皆極精審，雖不爲《文選》專著，而即此殘膏賸馥，澤被後人，固非明代選學諸書所可同年語也。」贊其考證精審、沾溉後人，還是從對清代選學的影響方面著眼。〔註4〕

　　駱氏此書自是清末民初「新選學」集大成之作，對後世影響深遠。否定明代選學、將宋元明選學視爲一體、以《四庫提要》爲主要論據、有保留地肯定明代《文選》考據學、推崇亭林選學等等觀點至今還左右著選學史的研究。此後的相關論著以及對明代選學的認識很少有質的改變。

## （三）現代選學中繼承清儒觀點的明代選學研究

　　現代選學大都秉承清儒觀點對明代選學持否定態度。如屈守元的《文選導讀》將宋元明作爲選學衰落期，清代作爲復興期，這從「文選學史略述」一章中的最後兩個小標題——「宋代以後文選學的衰落」和「近代文選學的復興及其展望」中可見一斑。著者認定文選學就應該是文選李善注之學，將

<hr>

〔註4〕　本節引注皆引自駱鴻凱：《文選學》，上海：中華書局，民國二十六年（1937），
　　　　頁80、86、86、86。本書所引《文選學》皆據這一版本，以下恕不贅述。

其他所有選學著作一概排斥在選學範圍之外，所以李善注不受重視的時代自
然就淪爲衰落期。穆克宏的《昭明文選研究》基本承繼駱鴻凱《文選學》中
的立場，從清代考據學的角度加以評判。他從時代風氣與學風入手進行發難。
認爲明代士子大都崇尚空談，不務實學，常常流於空疏。由此推論出明代有
關《文選》的著作少有價值。汪習波《隋唐文選學研究》主要研究文選學史
中的隋唐一段，明代部分交待很少，主要是在掠影整個學史時帶上一筆，但
明確可見對於明代文選學的不認可。認爲宋元之交的《文選補遺》和《文選
顏鮑謝詩評》顯然都受到宋代學術和文學風氣的影響。雖然元、明人增修、
續編《文選》與他們閱讀《文選》一樣積極，然而數量與學術水平不成正比。
實際上是將宋元明三代選學看成一體並加以否定，但主要針對廣續本和明代
一些文學總集的編纂。

　　這些論著對明代選學的評論熱點集中爲三：首先，著重批評明代選學中最
能代表明代特徵的研究著作，客觀上達到否定明代學風的效果。明代評點獨
步，當然被責最眾。屈守元《文選導讀》首先對明代《文選》評點本發難，並
上溯到宋元之際方回的《文選顏鮑謝詩評》四卷和元明之際劉履的《風雅翼》
十四卷。認爲前者把江西詩派的尋章摘句，標榜字眼的評論方法，擴大到《文
選》，儘管《四庫提要》認爲它是方回晚年之作，較《瀛奎律髓》爲勝。但是
評點詩文的惡習，冒充選學，卻始於此書。後者注釋抄五臣，見解則遵眞德秀，
使選學從此墮入明人評點時文的魔道，張鳳翼、孫鑛等的評注，不過如《儒林
外史》所描寫的馬二先生之流。以刪注爲主的簡注本強調簡潔明瞭和通俗易
懂，也是明代習見的改編經典的方式。穆著雖然肯定了刪注本的簡約，應該說
還算公允，但要求刪注本有灼見，〔註5〕似乎與刪注的特徵以及刪注者的編纂
意圖不一致。而且穆著觀點的論據也是清儒的《四庫》之評，否定明代風氣尤
其是學風也是從清儒崇尚實學出發，卻不知這正是明代文化的特徵，做考據固
然不利，思潮湧動和文學藝術各門類的發展卻往往得益於此。

---

〔註 5〕　穆克宏：《昭明文選研究》：「其中如張鳳翼的《文選纂注》、林兆珂的《選詩
　　　　約注》、陳與郊的《文選章句》等，注釋《文選》，雖較簡約，罕有灼見。鄒
　　　　思明的《文選尤》，閔文華的《文選瀹注》，凌濛初的《合評文選》等，或注
　　　　或評，亦少新意。凌迪知的《文選錦字》，供習作詩文者飣餖浮藻之用，不足
　　　　道也。至於那些《廣文選》、《續文選》之類著作，誠如駱鴻凱先生所說『髡
　　　　脛雖短，續之則憂』，更是不必多說了。」北京：人民文學出版社，1998 年版，
　　　　頁 162。

其次，持「明人刻書而書亡」〔註6〕的傳統觀點，從版本方面否定明代選學，這一點以屈著爲代表。他認爲《文選》的翻刻雖多，但是篡改也很厲害。基本上全盤否定了明代《文選》及其相關著作的版刻。並進一步認爲發展到張鳳翼的《文選纂注》，鄒思明的《文選尤》、閔齊華的《文選瀹注》，幾乎把《文選》等同於村塾古文，科場墨卷，實《文選》和《文選》學之大厄。特別提到明末汲古閣始有李善注單行本之刻一事，引《四庫提要》之評斷表述自己的態度：「殆因六臣之本，削去五臣，獨留善注，故刊除不盡，未必眞見單行本也。」〔註7〕並對纂修《四庫》時，李善注惟見此本表示無奈，對李善注的關注和重視可見一斑。

最後，對明代選學的零星肯定表現在考據內容上。汪著就說：「明人的《文選》注釋中也有相對較有水準的作品，方以智和顧炎武更在各自的名著《通雅》和《日知錄》中有多條涉及《文選》的考證和評論，代表著明末清初《文選》研究的水平。元、明二代《文選》研究中出現的對李善注的重視，以及通過小學訓詁手段來解釋《文選》的做法，上接唐人，下開清人研治《文選》之風，雖方之前後皆有所不如，而其過渡作用卻不容否定。」可見汪著肯定的是考據的方法，否定的是質量與水平。同樣地，屈著肯定楊愼《丹鉛錄》、王世貞《弇州山人四部稿》、周嬰《卮林》等稍異流俗，能對這一類選學著作說幾句好話，也是從方法上肯定，質量上否定。在此基礎上，明人編纂的一些詩文總集和《文選》廣續本也被否定。著者反對將明代貫徹「文必秦漢，詩必盛唐」的相關詩文總集——如馮惟訥《詩紀》、梅鼎祚《文紀》、汪士賢《漢魏二十二名家集》等等——當作《文選》學的嗣音。認爲這些書既沒有考慮到《文選》編輯所提出的采集範圍，也沒有什麼收錄標準，大而無當，高而不切，不見選學重光的蹤影。並連帶否定了這種風氣籠罩下的《文選》廣續本，如《廣文選》（劉節、馬繼銘兩種）、《續文選》（胡震亨）之類。

此外，對於宋代對明代選學的影響，汪著有一點認識値得關注：「宋代是《文選》研究的分化期，一些後來的批評、研討樣式如筆記中的考辨、詩話中的批評、小類書和小知識手册，將《文選》中一種題材另行、版本的考證，

<hr />

〔註6〕〔清〕陸心源：《儀顧堂題跋》十六卷，續修四庫全書（影印復旦圖書館藏清客潛園總集本），第930冊，史部。卷一《六經雅言圖辨跋》，頁19。上海：上海古籍出版社，1995年版。

〔註7〕〔清〕永瑢：《四庫全書總目提要》卷一百八十六集部三十九總集類一，頁4120。

皆在宋代開始出現或是較大量的產生。」這個觀點在文獻上是站得住腳的，一些明代選學中的新現象不僅僅是時代思潮的賦予，也是前代萌芽的壯大。但如果說「元、明二代是《文選》研究的過渡期，在宋代仍保持一種文學傳統地位的《文選》在此時已徒具形式和體式的內涵。」〔註8〕就消解了這個觀點的力量。明代選學是有自己的顯著特點的，不是從屬性、過渡性的。它的確與前代的選學有很大不同，將前代說成傳統尚且成立，但將明代選學放到與傳統對立的位置並認為其徒具形式則有失公允。各代選學各有特點，各有價值，比較的出發點應該是肯定多元性，而不能以一代標準去要求其他時代。總得來說，汪著還是頗具理論深度和哲學內涵的，對學術現象的思想史、文化史意義分析較多也較透，這是不同於某些傳統選學史論著的地方。因為畢竟是針對隋唐一段（宋一段因時代相鄰也附論一節），明代部分也就無暇深究，只是引證前賢，人云亦云一番。其實以其論述深度與思維方式來看，如若對明代選學切實地加以瞭解，定能不囿成說，做出有個性的研究。

綜上所述，現代選學大都從清儒眼光出發，對《文選》考據學也就是李善注的考據學及其相應版本、研究著作予以肯定，其他研究一概沒有價值。這樣的態度當然是有失公允的。一代有一代之學術，在思想史、文化史上的意義以及作為歷史讀本的認識價值是沒有高下之分的。即使是村塾古文，科場墨卷，也可以藉此窺視童蒙教育和教育制度，觸摸到當時當代的普遍知識水平和文化底色的構成。

## （四）現代選學中不囿成說的明代選學研究

以上梳理了現代選學中繼承清儒觀點的過程與相關論著，在大的導向之下，應該看到還是有一些潛流表達著新的傾向，試圖喚起學界對明代選學的重視，從某些角度肯定明代選學的價值。

這一傾向表現最為清晰地首推王書才的《明清文選學述評》。是書乃首部以明代文選學為半獨立研究對象的著作，上下二編，分述二代，並未勉強擰在一起，這樣處理應該是不錯的。明清二代雖然時代相鄰，但學風實在迥異，在《文選》研究史上的價值體現也大不相同。所謂過渡、銜接，如若硬找，不免牽強，很難從整體著眼並有所突破。《引言》自述「所謂『明清文選學』，是指明代、清代所有關於《昭明文選》的研究性論著，既包括明末與清代涉

---

〔註8〕汪習波：《隋唐文選學研究》，上海：上海古籍出版社，2005年版，頁26。

及《文選》的考據著作與篇章，亦包括二代評點家關於《文選》的批點成果。」即此而觀，著者是將二代文選學分成評點與考據兩個學術系統，明代選學就是《文選》評點學，清代則是《文選》考據學。至於明末的考據、清初的評點則是兩大主流的前聲後響、初瀾餘波，具有超越政治時代分野的學術連貫性。在這個指導思想下，對於明代選學，主要論述評點本，在篇幅上六章中佔了三章。又專解其中的劉履《風雅翼》和孫鑛《文選瀹注》。前者著眼於在《文選》評點學方面承前啓後的重要作用。後者因爲孫氏乃明代評點大家，《文選》的重要評家，對後代評點影響深遠。方法爲專書研究模式，一本書一本書的說，單就專書的內容、體例、編纂原則、評點方法來說，可能論述得面面俱到，但個體的特徵並未得到清晰地凸顯。缺乏「類」的意識以及上掛下聯地挖掘「類」在歷史和時代坐標上的意義，影響論述的深度。在「明代《文選》考據學」的專章中，認爲明代中後期考據學，繼承的仍是南宋後期的雜考傳統，但每人所得與《文選》相關者僅寥寥數條，並且因爲學者受束書不觀的學界風氣薰染過久，缺乏學術積澱，整體並未超過南宋筆記中的考據水平，所獲寥寥。至於此章列專節論「顧炎武與文選學」，實質上將其作爲清初大家，主要論及對清代《文選》考據學的影響。此外，還接觸到了明代選學與學風演變、科擧取士之間關係，明代《文選》與選學著作出版情況等問題。

總觀《明清文選學述評》一書，無論從篇幅還是研究力度上來看，還是以清代部分爲主。明代占篇幅的三分之一強，只涉及兩本專書，清代則涉及八部。而且如書名所示，是爲「述評」，實際上以述爲主，評者不多，尤其是明代部分。這樣的論述方法很是適應考據學的學理特點，對於清代選學容易論述得條理清晰、明白徹底。但對於明代選學卻不能遊刃有餘。明代是一個思想活躍、人心激蕩的年代，對前代經典的解讀大多是「六經注我」之作，發明大於考釋。思想史價值更爲凸顯，也就更要求微觀與宏觀相結合，時代思潮與個體情懷相觀望。一句話，明代重「人」、重「情」，這個基本點要求研究的學理基礎、哲學思辨、具體方法、行文風格都要與之相應，這樣才不僅僅是研究，更是研究者與研究對象精神層面的對話。儘管如此，王著畢竟是迄今第一本明確地以明代選學爲半研究對象並努力爲其正名的論著，不論目的是否充分地達成，成績應予肯定。

對明代選學予以重視的論著和論文還有一些，但主要集中在對明代《文選》和選學著作的版本方面，大多是《文選》版本研究專著中的章節或文學

史研究課題的某一分支。重要成果如傅剛的《文選版本研究》、范志新《文選版本論稿》等。明代印刷技術發達，出版業繁榮，是《文選》相關版本梓刻和傳播的高峰期，這是客觀事實，但是對這一點的重視並不代表對整個明代選學的肯定，更談不上形成系統性地重新認定。

傅著在上編「歷代《文選》版本著錄彙考」中單列一節「《文選》版本在明清的存藏和流傳」。認為明人去宋未遠，所見所藏宋版《文選》多於清人。從《天祿琳琅書目》前、後編的著錄情況看，明代所藏宋、元版《文選》的六家本、六臣本較多，李善本的宋版未見著錄，元版也僅見於《前》、《後》編各一部，至於五臣本，則一部也沒有。這說明李善本與五臣本行世的確太少。又從現存的明代藏書目錄來看，民間宋版《文選》，則連六臣本、六家本也不多見了。

范著涉及明代選學著作的版本問題較多。「《文選》版本脞錄」中除去探討明本的傳遞關係、刊刻時地等問題之外，還涉及了《文選章句》、《文選刪注旁訓》、《廣廣文選》、《選詩合評》、《文選纂注評苑》、《續文選》等諸多刪述、評點、廣續本的版本問題。對一些對明代、乃至清代選學都有很大影響的著作，如張鳳翼《文選纂注》、劉履《風雅翼》等，或單提出來進行專書版刻流變的梳理，或設專題予以考辯。並將有明一代因書商牟利、冒名翻刻或者被誤定錯錄的一些「偽本」彙集起來詳究原委。應該說，這些在前人尤其是清人那裡不值一提的版本現在能夠得到研究，說明了明代選學開始受到重視。

此外，付瓊的論文《明代〈文選〉學衰落說質疑》，看題目似乎是替明代選學翻案的文章，實際上也是從版本傳播和流傳角度出發，論述清代以來所謂明代《文選》學衰落的定評是失於穩妥的。從刊刻數量、刊刻密度和刊刻機構方面的研究認定，《文選》在明代特別是中晚明時期是一部十分流行的文學經典。它的流行主要不是源於學術驅動，而是源於文學驅動。這篇論文是國家社會科學基金重點項目「中國古代文學教育與文學的生成、發展與傳播」的階段性成果。項目的要求使得作者只能從這個角度談某一部文學經典在後代的發展狀況，而不可能是專書在某一階段的全面、系統的研究史。這個項目中另一篇論文《明代文學復古運動與〈文選〉的再度盛行》的主要觀點是：北宋熙豐之際，宋人依據道學標準對《文選》的文學標準提出了否定，造成《文選》的流行長期處於低靡狀態。明代文學復古運動以鮮明的非載道指向

重新確立了《文選》的樣板地位，從而在道學語境籠罩下爲《文選》的流行開關了文學語境的有限空間。《文選》的盛行與明代文學復古運動相始終。明末清初，《文選》賴以流行的文學語境急劇收縮，《文選》在文學教育中的樣板地位最終爲《唐宋八大家文鈔》及其衍生本所替代。可以看出，此文主要著眼於明代文學思潮對《文選》發展與傳播的影響，走得還是那條路子，只是換了個角度。這兩篇文章其實都是以《文選》作爲例證來討論傳播史上的問題，即使涉及了明代選學的一些內容並作出相應的判斷，也是交叉地帶的邊緣問題，沒有接觸到實質性層面。

　　從以上對明代選學研究的綜述可見，這方面的研究長期處於清儒觀點的籠罩之下，近年來出現的新氣象更多是在敘述《文選》版本源流及出版傳播方面的情況，是不得不提的歷史環節。唯一的半專門研究著作只是述評幾部相關著述，梳理了一下明代《文選》版本情況，並沒有眞正深入到時代思潮中去把握明代選學的特徵，也並沒有建立起有深度的論述體系。

## 二、明代《文選》及其研究著作版本敘錄

　　版本梳理是古典文學研究的第一步，以此劃定研究對象的邊界。因此，對明代《選》學相關版本的述錄是明代《選》學研究的重要前提，包括《文選》這一典籍在明代的刊刻、流傳，以及明人對《文選》及相關注本的研究著述。

### （一）明代《文選》版本綜述

　　有明一代版刻繁榮，《文選》作爲前代經典，多次付梓，版本眾多。主要包括李善注、六臣注兩個版本系統。現將具體情況列表示下：

| 分類 | 名　稱 | 著者 | 版　本 |
|---|---|---|---|
| 明代的《文選》李善注本 | 文選六十卷 | 唐李善注 | 明隆慶六年楚少鶴山房刻本 |
| | 文選六十卷 | | 明萬曆六年楚府刻本 |
| | 文選六十卷 | | 明萬曆十三年吳彰刻本 |
| | 文選六十卷 | | 明萬曆十九年張居仁刻本 |
| | 文選六十卷 | | 明吳勉學刻本 |
| | 文選六十卷音注十二卷 | | 明萬曆二十三年吳近仁刻本 |

| | 文選六十卷 | | 明成化二十三年唐藩朱芝址刻本 |
|---|---|---|---|
| | 文選六十卷 | | 明嘉靖元年汪諒刻本 |
| | 文選六十卷 | | 明嘉靖四年晉藩養德書院刻本 |
| | 文選六十卷 | | 明隆慶五年唐藩朱碩熿刻本 |
| | 文選六十卷 | | 明萬曆二十九年鄧原岳刻本 |
| | 文選六十卷 | | 明刻本 |
| | 六選六十卷 | | 明末毛氏汲古閣刻本 |
| | 昭明文選三十卷昭明文集二卷 | | 明刻本 |
| 明代的《文選》六臣注本 | 六家文選六十卷 | 唐李善、呂延濟、劉良、張銑、呂向、李周翰注 | 明嘉靖十三年至二十八年袁褧嘉趣堂刻本 |
| | 六家文選六十卷 | | 明丁覲刻本 |
| | 六臣注文選六十卷 | | 明萬曆二年崔孔昕刻本 |
| | 六臣注文選六十卷 | | 明萬曆二年崔孔昕刻六年徐成位重修本 |
| | 六臣注文選六十卷 | | 明潘惟時、潘惟德刻本 |
| | 六臣注文選六十卷 | | 明吳勉學刻本 |
| | 六臣注文選六十卷諸儒議論一卷（元陳仁子輯） | | 明嘉靖二十八年洪楩刻本 |
| | 六臣注文選六十卷諸儒議論一卷（元陳仁子輯） | | 明萬卷堂刻本 |
| | 六臣注文選六十卷諸儒議論一卷（元陳仁子輯） | | 明刻本 |

## （二）明代《文選》研究著作版本敘錄

明人基於《文選》原典或刪節、或遴選、或評點、或廣續的種種著述，都是根據己意對原典的再創造。在崇尚自由、簡約，喜歡評點古人、盤點前賢的明代風尚之下，這些研究著述展示了明代學人的風神氣采以及吞吐經典的胸次和能力。同時，這些研究著述中的一些多次翻刻、影響較大的版本又顯現出民間社會對經典闡釋的選擇傾向。因此，對這一類版本進行整理有利於透視《選》學在「明代——《選》學史」的坐標點上的意義。現將具體情況列表示下：

| 名　稱 | 著　者 | 版　本 |
|---|---|---|
| 文選六十卷諸儒議論一卷（元陳仁子輯） | 明何孟倫輯注 | 明嘉靖刻本 |
| 文選纂注十二卷 | 明張鳳翼纂注 | 明萬曆刻本 |
| 文選纂注十二卷 | 明張鳳翼纂注 | 明萬曆十年書林余碧泉刻本 |
| 文選纂注評林十二卷 | 明張鳳翼纂注 | 明葉敬溪刻本 |
| 文選纂注評林十二卷 | 明張鳳翼纂注 | 明何敬塘刻本 |
| 文選纂注評林十二卷 | 明張鳳翼纂注、明惲紹龍參訂 | 明萬曆二十九年惲紹龍刻本 |
| 文選纂注評林十二卷 | 明張鳳翼纂注、明惲紹龍參訂 | 明萬曆二十九年三衢舒氏四泉刻本 |
| 文選纂注評林十二卷 | 明張鳳翼纂注 | 明末刻本 |
| 文選纂注評苑二十六卷 | 明張鳳翼纂注、明陸弘祚輯訂 | 明萬曆克勤齋余碧泉刻本 |
| 新纂六臣注漢文選二十四卷 | 明張鳳翼纂注 | 明萬曆十四年刻本 |
| 新刊續補文選纂注十二卷 | 明陳仁輯、明張鳳翼增訂 | 明萬曆二十二年刻本 |
| 梁昭明文選十二卷 | 明張鳳翼纂注 | 明萬曆刻本 |
| 梁昭明文選二十四卷 | 明張鳳翼纂注 | 明天啓六年盧之頤刻本 |
| 鼎雕增補單篇評釋昭明文選八卷 | 明鄭維岳增補、明李光縉評釋 | 明萬曆刻本 |
| 孫月峰先生評文選三十卷 | 明孫鑛評、明閔齊華瀹注 | 明天啓刻本 |
| 文選章句二十八卷 | 明陳與郊撰 | 明萬曆二十五年刻本 |
| 新刻選文選二十四卷 | 明李淳刪定批點 | 明萬曆二十五年正義堂刻本 |
| 文選刪註十二卷 | 明王象乾撰 | 明萬曆刻本 |
| 文選刪註旁訓十二卷 | 明馮夢禎撰 | 明孫震卿刻本 |
| 文選尤十四卷 | 明鄒思明刪訂 | 明天啓二年刻三色套印本 |
| 選詩補注八卷補遺二卷續編四卷 | 元劉履撰 | 明初刻本 |
| 選詩補注八卷補遺二卷續編四卷 | 元劉履撰 | 明宣德九年陳本深刻本 |
| 選詩補注八卷補遺二卷續編四卷 | 元劉履撰 | 明天順四年刻本 |
| 選詩補注八卷補遺二卷續編四卷 | 元劉履撰 | 明弘治十四年王璽刻本 |

| 名　稱 | 著　者 | 版　本 |
|---|---|---|
| 選詩補注八卷 | 元劉履撰 | 明嘉靖四年蕭世賢刻本 |
| 選詩補注八卷補遺二卷續編四卷 | 元劉履撰 | 明嘉靖三十一年顧存仁養吾堂刻本 |
| 選詩補注八卷補遺二卷 | 元劉履撰 | 明刻本 |
| 選詩續編四卷 | 元劉履撰 | 明刻本 |
| 刻漢魏六朝選詩補注四卷 | 元劉履撰、明李萬象增訂 | 明萬曆喬山堂刻本 |
| 選詩三卷 | 明許宗魯輯 | 明嘉靖六年劉士元、王鑒刻本 |
| 選詩三卷補一卷 | 明顧大猷輯 | 明萬曆二十八年劉大文刻本 |
| 選詩約注八卷（評議一卷） | 明馮惟訥撰 | 明萬曆九年沉思孝刻本 |
| 選詩七卷（詩人世次爵里一卷） | 明郭正域評點、明凌濛初輯評 | 明凌濛初刻朱墨套印本 |
| 文選詩集七卷 | 明虞九章訂注 | 明萬曆刻本 |
| 選賦六卷（名人世次爵里一卷） | 明郭正域評點 | 明凌氏鳳笙閣刻朱墨套印本 |
| 文選後集五卷 | 明郭正域評 | 明閔於忱刻朱墨套印本 |
| 文選拔萃三卷 | 明方宏靜輯 | 明嘉靖三十年吳尚恕刻本 |
| 文選補遺四十卷 | 元陳仁子輯 | 明刻本 |
| 文選補遺四十卷 | 元陳仁子輯 | 明抄本 |
| 文選增定二十三卷 |  | 明大梁書院刻本 |
| 廣文選八十二卷目錄二卷 | 明劉節輯 | 明嘉靖十二年侯秩刻本 |
| 廣文選六十卷 | 明劉節輯 | 明嘉靖十六年陳蕙刻本 |
| 天佚草堂重訂文選二十卷詩選十卷 | 明馬維銘輯 | 明萬曆四十三年刻本 |
| 天佚草堂刊定廣文選二十五卷詩選六卷 | 明馬維銘輯 | 明萬曆刻本 |
| 衢原草堂刊定廣文選二十五卷詩選六卷 | 明馬維銘輯 | 明萬曆刻本 |
| 廣廣文選二十四卷 | 明周應治輯 | 明崇禎八年周元孚刻本 |
| 續文選十四卷 | 明胡震亨輯 | 明萬曆刻本 |
| 續文選十四卷 | 明胡震亨輯、明孫耀祖箋評 | 明崇禎刻本 |
| 續文選三十二卷 | 明湯紹祖輯 | 明萬曆三十年希貴堂刻本 |

### 三、選題意義與論文框架

在明代文選學現有研究狀況之下，本人的博士論文意圖以明代選學為獨立的研究對象，將其置於文選學史和明代思潮這個縱橫相依的坐標中，切實地從梳理、研讀明代選學著作入手，運用版本目錄、歷代文論、詩文鑒賞、心理分析、藝術批評各個相關領域的研究方法與角度對其進行盡可能系統化的、全面的研究。具體研究框架如下。

做研究的第一步是要瞭解本領域中前人的成果及不足，在此前提下才可能對自己的研究對象實現有針對性的認識。所以，首先在緒論部分梳理並述評清代以來的明代選學研究的論著，得出結論：前人的研究基本上都是從清儒考據學角度出發全盤否定，近期一些欲為之正名的零星論斷也未形成體系或非專門性研究。所以應該不囿成見，將明代選學置於文選學史和明代思潮的這個縱橫相依的坐標中，才能實事求是地評價其地位及意義。其次交待明代《文選》及其研究著作的版本問題，這是研究的前提和基礎。同時，明代出版業發達，前代經典多有刊刻，在宋元本罕見的情況下，進行版本梳理很有價值。明代《文選》原典和選學研究著作都有大量刊刻，所以分別敘錄。

前四章是論文的主體部分。將明代選學著作分成刪述本、選本、廣續本、評點本四類，分別設專章討論。這裡需要說明的是，明代選學著作不少是「身兼數職」，一本之中往往又注又評，有時還同為選本。如果非要把一本裏的各個部分徹徹底底說明白，就只能一本書一本書地說，這種體例設置缺乏「類」的意識以及上掛下聯地挖掘「類」在時空坐標上的意義，影響論述的深度，視覺效果也很呆板。所以，本書選擇分「職」論述，當然會存在不同類本子重疊現象，但對研究和論述不會產生影響。

刪述本章。設置兩節，分別論述其指南性以及明代出版與傳播對它的影響。《文選》經由唐人傳世的只有李善和五臣兩大注本，明人的《文選》刪述本是在刪削二者的基礎上加上己意增述而成的簡注本。其刪述理念是只求認知，不求細解，注重簡明快捷地佔有信息，偏重疏通文意的注釋形式。因此保留的注釋大多是五臣注，少部分得以留存的李善注被簡化、俗化，學術性大受削弱。明代選學重視五臣注，蘊含時代性格對注釋性格的選擇。傳統注本向刪述本的轉變實質上代表精英文化向大眾文化的過渡，商業性濃厚。從知識、思想的社會接受史來看，是指南性、普及型的大眾讀物，構成社會文化的底色，推動人類普遍知識水平的發展。以此對明代《文選》刪述本及其同類出版物作出價值認定。

　　明代《文選》刪述本的版式往往注、評一體，與評點本多有重合。刪述者（或者是出版者）對注和評的職能產生明確的分工意識，落實到出版過程中表現為版面位置的分工。隨著版式的約定俗成，位置反過來表達甚至決定職能，以至於評和注的某些內容很難區分。這種轉變的根本動因就是大眾傳媒潛移默化之下的閱讀習慣。另一方面，注釋文本和評點文本二者的交集——導讀內容及其指南性證明了注與評的共生狀態，以及明代《文選》刪述本的大眾讀本的性質。注、評共生狀態狀態打破了單向性、體制化的闡釋模式，與版式對二者職能的分工，從不同的維度共同證明了傳媒力量的強大。應該說，從傳播與接受的互動這個角度解讀有明一代衍生於經典的出版物，是適應時代特徵的研究方法。

　　選本章。選本的去取標準能夠折射出選者及所處時代的多方面信息。此章將選本的選文情況和選詩情況分別進行論述。文章選本以重視文體問題、呼應本朝科舉制度、與原典積極互動的諸多方式展現自己的編選理念和文學觀念。首先利用分類、調序、更名等方式調整昭明舊集的文體設置，達到了重新建構文體間邏輯框架的高度，體現了編纂者對有序性及其邏輯支點的探求。其次，刪選標準迎合明代科舉考試的科目設置。原典中時效性、政治性弱的公牘文體留存率最高。各選本應制性的程度有別，表明明代《文選》選本存在實用型和學術型之分，分別對應和服務於大眾文化和精英文化。這一有意識的分工暗藏著對原典的尊重。選本面臨的民間文風與政令要求之間的矛盾，表明選本對原典的應制性改造在士子雙重身份的折射下，只是一個為應制又反應制的悖論。再次，基於原典又回歸原典的定位賦予選本以傳統的皈依者和大眾文化的唱和者的角色。選本修正原典的表現有三：對原典目錄的調序表現出異於清人成見的學術敏感和體例上的嚴密性；以不再闊大的時代格局和纖秀自賞的時代心理重塑原典；以動態的史學眼光實現選篇的系統化。

　　在選詩情況中，選詩者對《文選》原典中四言詩體不感興趣，以《詩經》為標準加以否定，是復古傾向的作用。各選本推崇《詩經》及漢魏之作，主要是因為這些詩歌有著充實的思想內容和真情實感，由此生發出反藻飾、反玄言進而對六朝文風評價不高的現象。基於對前代經典理論著作品評的認同和重視，選本留取某一詩人擅長的、最為社會評價所認可的風格，說明著眼點不是在「全」，而是在「優」。以及選本恪守原典時代的傳統觀點。並沒有形成自己的文學觀念和理論體系。選詩部分還在體例方面進行了一些思考，

包括將原典的目錄排序變化為以時代先後為次、時代統領詩人、詩人統領各人作品的新目次。以及簡化文體分類、組詩刪法等。

　　廣續本章。廣續本是明人遠慕前世經典而續編、增廣的詩文集。對《文選》原典的編纂宗旨、體例、選擇標準等勢必有其傳承和變異。由此產生了原典對廣續本的影響和廣續本對原典的再創造形成互動的關係。廣續本在盛極難繼的尷尬中強調編纂的必要性，並對明代復古思潮的不同派別作出反應，在文道問題上以不糾結、不苛辨的態度表達明人融通瀟灑又不乏遊戲的智慧，較之於宋、元二代《文選》廣續本的重道傾向，更貼近原典「事出於沉思，義歸乎翰藻」的去取標準。廣續本通過增加樂府詩、遠古作品和史子散文的比重補充原典，彰顯明人博雜的學風使得原典和廣續本分別側重於「選」和「集」。這根源於二者編纂目的上的差別：垂範性與資料性。文體變革或是通過體目刪減與合併精簡文體設置、改善體例編排，或是通過體目增加和序化分類實現文體分類的體系化。元代陳仁子《文選補遺》的文體思想在文體學色彩、體目隨篇名而設、一體只錄一人之作三方面深刻地影響了明代的《文選》廣續本。

　　廣續本中有一類擁有自己獨立的編纂理念，可以作為相對獨立的整體單獨拈出來予以研究的詩歌單行本。這類本子從研究對象的角度可以分為專收古詩和專收律詩兩大類。古詩廣續本中劉履《選詩補遺》、《選詩續編》和馮惟訥《選詩補遺》尊朱子詩教，顧大猷《選詩補》尊昭明原典，湯紹祖《續文選》尊七子復古思想。但在「以《三百篇》為宗」這一點上，各本都是一致的。詩歌廣續本的編纂理念普遍受到朱子詩教的影響，但也不同程度地保留著自己的藝術標準。廣續本中真正的律體詩歌廣續本只有楊慎的《選詩外編》和《選詩拾遺》二編。和諧的聲律和深遠的古意二者兼備，是楊慎本最推崇的詩歌風格和收錄標準。楊本與胡震亨本《續文選》中的詩歌部分在編纂理念上的相通點在於意圖證明唐詩之盛出於六朝。體現在具體編纂過程中有兩大相似點。突出六朝詩歌的聲律成就和重視樂府對聲律發展的貢獻。

　　評點本章。明代《文選》評點本是明代《文選》學數量最多、參與者最眾、發行量最大，同時也最具影響力的一類本子。以迎合市民趣味和士子應考指導為目的的市場化運作是此類本子盛行的重要原因。因此其時代特徵融合了明代士風、世風、文風的多種表象。包括評點者多才多藝的「雜家」身份，體現在評點過程中就是打通各藝術門類，以綜合眼光來進行文藝批評。包括考據學隨評點而來的遊戲性質。明代《文選》考據學沒有專書，考據內

容是爲烘託評點效果或闡述說明而設。因此考據在明人這裡並不具有獨立的學術性質。其次，還包括評論文章中的人物、情節時的歷史眼光和評論文學元素時的文學史眼光，其中歷史眼光隨著評點本的各具特徵而面目各異。集評本的編排形式使得大眾文化讀本的性質得以實現，標誌著評點已然轉化爲市場行爲。考據性強的評點本糅合考據的態度和評點的形式。而考據的態度主要表現爲立足文本，從邏輯上推理，從內部解構成說，而非借用外部徵引來解決問題。文學史眼光則涵蓋源頭崇拜、關注文體以及反成說。

應該說，明代《文選》評點本是明代《文選》學各類著作中最能展示明代風貌的一類本子。前代典籍的選本和廣續本各代都有，就研究形式來看時代感不強。刪述本的指南性以及與大眾傳媒之間的密切關聯固然展示了時代特色，但畢竟還有脫胎於傳統《選》學的過渡色彩。而評點這一文學批評體式本身極盛於明代，在明代文學領域中具有代表性意義，是明代文風、士風的集中體現。

「餘論」部分，立足於明代的社會圖景，挖掘明代《文選》學研究的社會背景，包括明代社會經濟特徵、《文選》研究者的地域分佈與身份構成、主流文化意識的影響等等。明代商品經濟發達，出版業繁榮，士林階層的重商思想和商業行爲在經濟發達地區形成氣候，更推動了晚明經濟區域化的走勢。明代中後期，出版從某種程度上來說，已經轉化爲著述的先決條件。富庶地區士商交融、身份混雜的現象也很普遍。明代《文選》研究者大多分佈在經濟發達地區，又與出版業關係密切，出版繁榮——地域文化——士商交融這條線索可以勾勒出明代《文選》研究者在明代文化圖景下的社會身份。明代文化研究中的辨體意識、明代的復古思潮及其背後自宋末沿襲的疑宋、抑宋之風，對明代《文選》學產生深遠影響。主要表現爲對昭明原典的文體思想的修正以及評點本中的文體思想。

需要說明的一點是，明代選學與其他時代選學之間的比較這個問題本想單設一章匯合起來論述，但考慮到頭緒較多，匯總在一起效果未必好，而且因爲本書體例側重於一節討論一個問題，所以不如在論述具體問題時隨時比較，又清晰，又方便具體問題在比較中深化。所以未設單章，也未在每章中設置單節。

通過四章六個部分的論述，可以論述明代文選學在出版、傳播、教育普及、大眾文化等方面的影響與貢獻。本人的博士論文正是要證明明代文選學在思想史和文化史上的意義，以及在中國近代文化轉型期中的地位。

# 第一章　明代《文選》刪述本研究

## 第一節　明代《文選》刪述本的指南性

　　《文選》經由唐人傳世的只有李善和五臣兩大注本。明人注《文選》，基本取材於李善與五臣注本。多爲刪削，不時按照己意增述。原因在於明人認爲二注多重複且李善注繁瑣，缺乏要點，某些注文讀過之後仍然不知就裏〔註1〕，不適合初學者學習。因此他們刪去自己認爲重複、艱深、釋義不明之處，代以簡明扼要的注解，並不時增加指導讀者揣摩注解把握文本的文字，〔註2〕

〔註1〕〔明〕張鳳翼：《文選纂注・張鳳翼序》：「顧錯舉則紛沓而無倫，雜述亦斜纏而鮮要，或旁引効響，或曲證添足，或均簡而重出，或比卷而三見……而令覽者不終篇而倦生也。」張鳳翼：《文選纂注》十二卷，四庫全書存目叢書，集部第285冊，據廣西師大圖書館藏明萬曆刻本影印。本書所引《文選纂注》皆據這一版本，以下恕不贅述，頁22。

　　〔明〕馮惟訥：《選詩約注・沉思孝敘》：「簡冊既繁，異同互見，總觀博究，誠獨其難。」馮惟訥：《選詩約注》八卷（含《選詩補遺》一卷），國家圖書館藏萬曆九年沉思孝刻本。本書所引《選詩約注》皆據這一版本，以下恕不贅述。

　　〔明〕陳與郊：《文選章句・陳與郊序》：「句裂字綴，若斷苦續。疾讀則遺雅故，尋解則令正義差池。」陳與郊：《文選章句》二十八卷，四庫全書存目叢書，集部第285～286冊，據明萬曆二十五年刻本影印。本書所引《文選章句》皆據這一版本，以下恕不贅述，頁533。

　　〔明〕李淳：《新刻選文選・選例》「六臣箋注向病冗礁。」李淳：《新刻選文選》二十四卷，清華大學圖書館館藏明刻本。本書所引《新刻選文選》皆據這一版本，以下恕不贅述。

〔註2〕〔明〕陳與郊：《文選章句・陳與郊序》：「故刊淺近」，「故汰重複」，頁534。

將卷帙浩繁、難以卒讀的六臣注本改裝成簡約淺顯、方便閱讀的「指南性」〔註3〕讀本。這樣形成的注本，本書稱之爲「刪述本」〔註4〕。本書擬就以此爲對象研究明人在刪註增述《文選》既有注本的過程中體現的指南意向，及其在明代思潮中的文化意義。

## 一、刪注部分

先來看刪注部分，即刪述本中對六臣注的刪削情況。

首先需要弄清楚的問題是刪述者如何看待和處理五臣注和李善注。李善注以徵引繁富著稱，長於考據訓詁，但「釋事而忘義」〔註5〕；五臣注則正好相反，偏重通解文意，又被「荒陋」之名〔註6〕。二注相比，五臣注更加淺顯易懂，便於快捷把握文意，更具指南意味。在此前提下考察刪述者對二注的刪採情況是研究指南性的首要環節。這些刪述本在序跋中多用「折中（衷）」〔註7〕字眼表示兼取二注。但這種表述容易造成迷惑性，使人理解爲對二注的

---

〔明〕閔齊華注、孫鑛評：《孫月峰先生評文選・錢謙益序》：「裨益其所未備，刪繁刈穢，撮要鈎玄。」，頁2。

〔明〕杜詩：《昭明文選芟・杜詩敘》：「於是芟其繁者令簡，芟其俗者令雅，芟其崛峿底滯者令疏暢而條達。」杜詩《昭明文選芟》四卷，臺灣中央圖書館藏明萬曆庚申（四十八年）杜氏武昌刊本。本書所引《昭明文選芟》皆據這一版本，以下恕不贅述。

〔註3〕〔明〕馮惟訥：《選詩約注・朱多煃敘》：「蓋授讀者以指南也。」

〔註4〕也有論著稱之爲「刪注本」，如駱鴻凱：《文選學》、王書才：《明清文選學述評》等。本書認爲這類注本不只是「刪」，「增」也佔有相當分量，且所增內容與意義也不局限於「注」，用「述」更準確。再者，「刪述」二字取自馮惟訥：《選詩約注・申燧後語》：「（馮著）得刪述之體。」已見明人自我定位之端倪。因此，「刪述本」這個表述更能涵蓋此類注本的特點——刪注、增述。根據《中國古籍善本書目》等書目的收錄，明代《文選》刪述本計有如下十二部，構成本書的研究範圍：張鳳翼：《文選纂注》、閔齊華：《文選瀹注》、陳與郊：《文選章句》、王象乾：《文選刪注》、鄡思明：《文選尤》、馮惟訥：《選詩約注》、郭正域：《選詩》、虞九章：《文選詩集》、郭正域：《新刊文選批評》、杜詩：《昭明文選芟》、李淳：《新刻選文選》、鄭維岳增補、李光縉評釋：《鼎雕增補單篇評釋昭明文選》。

〔註5〕〔宋〕歐陽修撰：《新唐書・文藝傳》，卷二百二，列傳第一百二十七文藝中。《新唐書》，中華書局點校本，1975年版。

〔註6〕〔宋〕蘇軾：《東坡志林・卷一》：「所謂五臣者眞俚儒之荒陋者也，而世以爲勝善亦謬矣。」四庫筆記小說叢書，上海：上海古籍出版社1992年版，頁24。

〔註7〕〔明〕閔齊華注、孫鑛評：《文選瀹注・錢謙益序》：「經李善，緯五臣。」，

採用篇幅基本持平。事實上，各刪述本中五臣注被採用的比例呈絕對優勢，具體表現爲兩點。第一，二注共釋一處且內容相近時多取五臣。有時因爲五臣簡明，如虞本注《贈文叔良》「董褐荷名胡寧不師」句，就是引李周翰注「吳王夫差會晉定公，吳帶甲三萬欲劫晉求盟。晉大駭，乃令董褐請事於吳，吳乃退，就幕而會。董褐之力也。」一句話講清吳晉之會的原委，點明董褐乃關鍵人物。李善注則引《國語》詳述董褐請事的全過程，包括請事吳王、吳王親對、董告趙鞅、董褐復命、吳王許諾一系列細節與辭令近三百字。有時因爲五臣明示典故內涵，無需讀者費心求解，不似李善僅僅擺出引文，不涉深意。如虞本注《贈劉琨並書》，同是楊朱哭歧路可南可北和墨翟泣素絲可玄可黄的典故，李善只引注《淮南子》，李周翰則點出「本同末異，人亦有然」，「豈直絲染，人亦有焉」的深意，比善注更直觀，所以虞本捨善而取翰了。還有一種情況更普遍，就是刪述者不重引注考釋，只求通解文意。如《南都賦》「酒則九醞，甘醴十旬」之注，李善引《魏武集》、《廣雅》、《韓詩》訓詁考釋，郭正域注《新刊》時卻不予理會，徑直採用了「九醞、十旬皆酒名」這句說了等於沒說的劉良注。以上幾例明示，刪述者只求讀者知其然，不求深究所以然。也就是說，具體情節、來龍去脈、淵源原委都屬於過程中的枝節，都不重要，只要對事物大概有個瞭解就行了。由此可見，刪述的理念是「認知型」而非「理解型」，只求認知這個結果，不考慮或者較少考慮理解的過程。

　　另一方面，刪述本在大部分採用五臣注的同時，還保留了少部分李善注。深究下去，這種保留歸根到底還是爲「指南」服務的。先來看張本，保留李善注要麼在字詞釋義時要麼在交待必要的歷史背景時。所以，《說文》、《爾雅》、《廣雅》等字書的引注和年號、大事記一般不刪。也就是說不得不引處方引善注。再以陳本對《兩都賦序》的刪注爲例。「或以抒下情而通諷諭」一句爲分水嶺，前半部分善注幾乎皆存，後半部分幾乎皆刪。原因在於前半段專有名詞較多，像官署名、樂曲名、祥瑞名、人名等等，都需要名物解釋來幫助讀者掃清時代相隔造成的認知障礙，此乃李善所長，不得不留。後半段

頁2。〔明〕馮惟訥：《選詩約注·朱多煃敘》：「成二注之折中。」〔明〕李淳：《新刻選文選·李淳敘》：「惟務折衷，間取諸釋。」〔明〕虞九章：《文選詩集·虞九章敘》：「近世爲纂注爲章句，俚儒輩出，樊焉淆亂，孰爲折衷。」虞九章：《文選詩集》七卷，山東省圖書館藏明萬曆刻本。本書所引《文選詩集》皆據這一版本，以下恕不贅述。

以議論抒懷為主，不關名物，當然不留了。這當然還與陳本較推崇善注有關，其他刪述本，如郭正域《選詩》，以字詞而非句子為單位作注，按體例說是最需要名物解釋的，卻基本不引善注。陳本中就是保留下來的善注也不是原汁原味。李善注慣常徵引多部典籍以注解一處，有羅列眾說之意。陳氏則依據正文在眾說之間選取一個最確切、最能說明問題的注解與之相配，其餘刪除。這種刪法的實質是簡化、俗化善注。因為羅列眾說具有資料性、討論性，說到底是學術性。唯一的注解可能是最確切的，卻只有認知性，消解了眾說互相對比、借鑒、研究的過程。其實，就連這些「唯一」的注解也多被刪掉枝節只留主幹，力求簡明扼要，達意即可。如《西都賦》「採遊童之歡謠」句注刪除童謠內容；《出師表》題注關於徐庶向劉備引薦諸葛亮一事只保留「因徐庶詣見之」的主幹，刪除具體引薦過程與辭令。

陳與郊的《文選章句》在明代文選諸刪注本中應該說是最貼近李善注精神的一本，做了不少考釋、訂誤、訓詁、校勘方面的工作，自述「獨依善注」〔註8〕。但在具體的刪注工作中，卻淡化了彰顯學術性的觀點多元化，刪削理解過程的諸多細節，只剩下一元與主幹支撐單向度的認知。清人批評他「點竄古人，增附己說，究不出明人積習，不如存其原本之愈也。」〔註9〕雖不無貶低明代選學的偏見，但在認清陳本削弱了李善注的學術性，且指南性與其他刪述本一脈相承這一點上還是很有見地的。此外，虞九章雖也認為李善注優於五臣注。〔註10〕但具體刪註時還是求簡求易的，〔註11〕只是較其他注本更多地保留了李善注，卻也大大削弱了其學術性。二人刪注有個共同的特點，即經常依據文章題材和內容而刪。先來看陳本。《公孫弘傳贊》追憶漢初求賢若渴、人才輩出的盛況，通篇多列賢臣名相。陳氏據此只留相關史傳內容。《與楊德祖書》中曹植評點當時文人，《章句》只留被評點者如王仲宣、徐偉長、應德璉等人的史傳介紹。諸葛亮《出師表》前半部分向幼主推薦賢才，後半部分追憶自己與先帝相識相伴的戎馬生涯。前者留賢才的史傳介紹，後者留三顧茅廬、受命危難、備死託孤、平叛南中幾件大事的史傳記載。虞本如出

---

〔註8〕〔明〕陳與郊：《文選章句·陳與郊序》，頁533。
〔註9〕〔清〕永瑢：《四庫全書總目提要》，卷一百九十一集部四十四總集類存目一，頁4237。
〔註10〕〔明〕虞九章：《文選詩集·虞九章敘》：「五臣之解，附會牽合，蘇子瞻陋之，是矣。李善解為青於藍乎哉。」
〔註11〕〔明〕虞九章：《文選詩集·凡例》：「大文取其便覽」，「釋意取其通曉」。

一轍。潘岳《關中詩》記述晉惠帝時齊萬年之亂，多保留善注中徵引《晉書》的相關史實部分。顏延年《應詔觀北湖田收》描寫收田勤苦，所留善注皆為《禮記》言農事部分。可以看出這種刪法是以文章內容而不是以他們推崇的李善注的學術性為出發點。以內容為出發點歸根結底是以讀者為出發點——便於把握文章主題，而且是快捷把握，排除其他與主題無關的枝節信息，甚至只要看串聯起來的注釋就可以推出大旨。這種刪法在刪述本中很普遍，只是在陳本和虞本這樣重視李善注的本子裏更能說明指南性。其他如馮本在《責躬詩》中保留善注中關於曹植數次被貶經歷的史傳記載，類似的例子每本都不少見。

　　即使多取五臣注，也經常嫌其冗長不夠簡練，往往壓縮原注取其精華，或者以己意揣度、重新表述以求煉達。如馮本注丘希範《旦發漁浦潭》「坐嘯昔有委，臥治今可尚」句，將呂延濟解釋二典的六十字刪削為「坐嘯臥治，成瑨汲黯事也」十字，只交待了人物，情節盡去。張本注《東都賦》，將舊注中劉秀與王莽之戰的全過程改成「昆明城」的注解「光武大戰處也」。

　　刪述者多取五臣注，少數重視李善注的還為方便讀者快速把握文義而削弱其學術性。認清這個基本點之後，再來看一個傳統定案——張鳳翼《文選纂注》中引文不標出處的問題，可以催生新的思考。四庫館臣說張著「所引多不著所出，夫詮釋義理可以融會群言，至於考證舊文，豈可不明依據。」〔註12〕其實不僅僅是張著，明代其他文選刪述本都存在這個現象。就連前面提到最推崇李善注的陳本和虞本也是多處標注不嚴格。明末清初，顧炎武在《日知錄》中多次抨擊這一弊病，可見已是明人著書的通例。但是，從指南性的角度去看，既然只求認知，不求細解；注重簡明快捷地佔有信息，偏重疏通文意的注解形式，那麼引文不標出處與這一刪注理念在精神內核上就是完全一致的。正如《四庫總目》所言，這些刪述者的出發點就是簡明扼要地「詮釋義理」而非「考證舊文」，當然走得是「融會群言」的路子而不甚關心「依據」是否明瞭。

　　刪述者們不約而同地注意到了利用版式的變化克服傳統注本中正文與注釋混成一團，看上去支離破碎，讓人難以卒讀的弊端，通過改善版面的視覺效果，方便讀者閱讀。陳與郊《章句》的版式如題所示，將正文分章，原來

---

〔註12〕〔清〕永瑢：《四庫全書總目提要》，卷一百九十一集部四十四總集類存目一，頁4236。

穿插在正文中的注解都彙集起來置於每章之後。目的如他在序言中所說「句裂字綴，若斷苦續。疾讀則遺雅故，尋解則令正義差池，故分章。」〔註13〕其分章並非隨意，而是根據文義劃分段落，方便閱讀的同時還有助於把握文脈，頗具導讀意味。郭正域的《選詩》與《新刊文選批評》也是將注釋彙集置後。與陳本不同的是，除了少量長賦之外，一般不分章，直接置於正文末尾，等於將正文與注文徹底剝離，比陳更進一步。郭本特別值得注意的是，基本上以字詞爲單位作注，不同於其他刪述本與傳統注本以句爲單位作注。這樣固然簡潔了然，但導致人名、地名等名物解釋比重較大，容易彼此孤立缺少聯繫，不方便疏通句意。郭氏卻未被形式所囿，注名物多特別指出寓意，這樣數個意象並置，即使不專門疏通句意也能摸出大旨。如同電影的蒙太奇手法，幾個鏡頭一剪接，主題不點自明。這說明郭注雖以個體單位爲意群，仍不廢通篇眼光，不忘由枝節到全局指明文章主旨。以《四愁詩》爲例，摘取「金錯刀」、「英瓊瑤」、「泰山」、「梁父」、「桂林」、「漢陽」、「雁門」、「青玉案」等詞語作注，只要細讀喻意，就能推出詩人意旨。雖然這種注釋手法簡單經濟，但畢竟難以駕馭長文，因此主要適用於詩歌和短文，爲長賦作注時就只得依託於某一字詞注之後了。虞本與王象乾《刪註》將釋義（主要是五臣注）插在正文行間，讀者閱讀正文時，句意疏通同步進行；引注（主要是李善注）則置於頁眉，方便查閱研究。鄒本與虞本相近，絕大部分注釋拉到頁眉，零星字義與名物解釋散見於行間。馮本形式變化不大，一般在正文後將釋字、引注、釋義、評論幾部分按順序排列，層次分明，一目了然。

　　從各刪述本的版式變化中可以發現，無論是注文與正文的分離，還是李善注與五臣注的分離，刪述者都在用剝離、分置的手法整合傳統注本。鬆綁糾結的版塊，調整空間位置。表面看來只是優化視覺效果，便於讀者搜尋信息，實際上還隱藏著刪述者明確的分工意識。每一版塊都有自己的職能和獨立的價值，都不可以干擾其它版塊。所謂「雅故」不可「遺」，「正義」也不可「差」，五臣注就要疏通句意，李善注就要訓詁考釋，剝離開來是各守本分，分置異處是各得其所。分工意識其實就是認清特質、明確職責的意識。刪述者明確了，讀者才能明確。即此而觀，版式的變化中蘊含著刪述者對刪述對象深刻的理解，對讀者潛移默化的引導。

---

〔註13〕〔明〕陳與郊：《文選章句·陳與郊序》，頁533。

## 二、增述部分

增述包括增注，但不僅僅是增注，還有其他非注釋性質的文字。本書主要討論明代文選刪述本的增注部分。

刪注時大多保留疏通句意的五臣注，增注也多爲類似五臣注的文意解釋，而且表述比五臣更簡潔更直接。先來看張本，《東都賦》增加了不少諸如「言西都形勝不如東都也」、「言西都風俗不如東都也」這樣的注文，解釋作者對兩都各方面的比較。其次，對一段中彼此呼應、意義相近的詞不一一作解，而是合併言其通有之義，只求大略，旁義不予深究。如「更造、肇有、初建、寔始皆繼無而有之辭。」再看郭《新刊》本，《古詩十九首》多增加「言當及時行樂也」，「興以草木言當春盛時」這樣點明詩歌主旨的注文。同是注《古詩十九首》，就連《文選章句》這樣推崇李善、多存引注的本子也有不少類似的增注。「『東城高且長』怨暮年也。志士暮年，自傷局促，思致身廊廟，而作是詩。」「『生年不滿百』，嗤長憂也。」「『明月何皎皎』，懷久客也。」等等，都是不事徵引、揣摩文意而得的感悟之語。至於同樣青睞善注、認爲「五臣之解附會牽合」的虞本比陳本更甚，後者還有不少學術性的增注，虞本卻幾乎都是正文的淺顯直白的重新表述。如阮籍《詠懷詩》「黃金百溢盡，資用常苦多。北臨太行道，失路將如何。」句下增注「謂少好奢遊，晚而財盡，事皆背馳，若太行之子，當若之何。」應該說原詩並不艱深，加一條這樣的注實在沒有必要。可見虞氏是把讀者當成初學者來啓蒙。同時，個別增注還存在解不透說不清的問題。如潘安仁《悼亡詩》「私懷誰克從，淹留亦何益。僶俛恭朝命，廻心反初役」句下增注「情獨私懷，誰者可語，淹留於此何益哉。且僶俛恭承朝命，廻抑私心，返於原任而已。」注了等於沒注，只是將五言詩歌體疏通成了散文體，字詞也沒有解釋清楚。虞本增注欲學五臣卻不如五臣。即使有心模仿舊注，學力也嫌不足，明人注書之尷尬可見一斑。

諸刪述本中，馮本增注最多，形式也相應多樣。其一，字詞解釋大多很淺顯，不似李善訓詁考釋。如「曠，遠也。」（《郡內高齋閒坐答呂法曹》）「淮陽，漢郡名。」（同上）等。其二，認爲保留的舊注還不夠簡單明瞭，於是二次加注，相當於疏。如王景玄《雜詩》「詎憶無衣苦，但知狐白溫」句下本有保留的呂向注「亦喻君不知下人之寒苦也」，馮氏還嫌沒說透，加上「言人但知自溫」才安心。其三，對於比較通俗、幾近周所周知、舊注都不願提及的典故還要作解。如袁陽源《白馬篇》中「五後兢書幣」句增注「五侯」。

　　除卻這些近似五臣又比五臣更簡明、更具指南性的注釋之外，刪述本增注還大大凸顯了導讀功能，即用各種手法梳理文章結構，指引讀者把握文脈、揣摩文意。其中以閔齊華的《文選瀹註》最爲突出，全書又以對《離騷》的增注集中表現閔氏意旨與風格。〔註14〕其中的導讀文字可以歸納出以下幾種功能：承上啓下、點睛總結、追源溯流、語境分析。「承上啓下」是點明文章過渡之處，使讀者把握文章線索。通篇多見「椒蘭若茲總承上八句」，「眾不可戶說以下答女嬃之罾也」，「此起下就舜陳辭也」。閔氏不僅處處明示文章銜接，自己作注時還將正文的情節發展引入注文，使注與注之間也具有邏輯關係，不同於傳統注本中注與注相對獨立，呈平行並列關係。如「溘，忽也。遊此而無所遇，故轉遊春宮。春宮，東方青帝舍」這樣的注文，傳統注本肯定是把「溘」之注與「春宮」之注並置了事，閔本卻以敘述性文字予以銜接，增加了注文本身的可讀性。再來看「點睛總結」，一般是在舊注諸多訓釋之後，一語道破主旨，引導讀者看穿零碎的字詞注，直接把握文意。如保存「木根」、「薜荔」、「胡繩」等香草的舊注之後，加一句「此皆所謂法前修也」。鄒本「肅愼以下皆外夷地名。」（《賢良詔》）和郭本《新刊》「首二句一篇大旨。」（《思玄賦》）皆爲此例。「追源溯流」型的增注不多，但值得重視。它說明刪述者及其注本具有文學史的眼光。作注作疏一般都是就事論事，遇字訓詁，見句通意。能做到上掛下聯，將宏觀的史學意識滲入微觀的注文中去，無論刪述者還是讀者應該都不會成爲餖飣腐儒，閔氏注「初服」一詞言「李白詩曰『久辭榮祿遂初衣』即初服之。」郭本《新刊》增注《長門賦》曰「唐人許多宮怨從此化出」如出一轍。

　　閔氏使用最頻繁也最純熟的導讀手法是從語境，也就是從上下文出發分析文章內部的各種聯繫和結構方式。如「注以飄風雲電喻讒佞之人，則於下帝閽開關，不相接矣。」「『無女』喻無賢臣，一云無賢君。前有『眾女嫉余之娥眉』，則指賢臣者爲是。」「往觀四方，舊注謂求賢君。愚以下文處妃、二姚推之，或是求知己者。」以上三例皆立足於意象體系內部個體與個體、個體與體系之間的邏輯關係來判斷意象的眞實所指及其相關論說是否合理。閔本《凡例》說「《離騷》一字一句不以君臣標目，則以忠佞分題，無裨作者，徒增嗤鄙。」就是嫌舊注沒有吃透文本，以致穿鑿附會。從文本出發，從切

〔註14〕〔明〕閔齊華注、孫鑛評：《文選瀹注・凡例》言：「瀹注大旨本於六臣，而各注之背謬最甚者莫如《離騷》。今悉考唐宋諸名家及近日文人之所撰述，而以己意融之，不敢妄云有得，庶亦不流枝蔓。」，頁8。

實的語境出發無疑是糾偏的良方。此外，諸如「非義可用，非善可服，言非義與善必不可也。此因太康娛縱以下諸人，而指爲君者言也。」昭示上下文之間的因果關係。「時幽昧二語，言處處皆然，無有察己之美惡者，是反上『兩美必合』以下數語意。」點明轉折關係。「得此中正，指陳辭之意也。與前『依前聖以節中』相應。」牽出文章線索中的呼應關係。「戶服艾以下，一節甚一節之意。艾與蘭猶不甚遠，辨草木與辨玉，分別已殊矣。至於糞壤申椒，倒置極矣。」指出暗藏在文章走勢中的遞進關係。其它刪述本也多見這種手法的運用。拿郭本《新刊》來說，增注「眄睞以適意，引領遙相睎」（《古詩十九首》）以「則夢既覺而然」，呼應前句「獨宿累長夜，夢想見容輝」。增注「當戶理清曲」（《同上》）以「言所思不遠而理清曲以見意者」，根據詩歌的內部邏輯關係推出「所思不遠」。即此而觀，相對於傳統注本中李善注的訓詁考釋，五臣注的疏通句意來說，通篇著眼的語境分析不僅僅是注釋那麼簡單，還是一種頗具現代意味的解讀手法。這種導讀手法在朱熹《楚辭集注》中開始大量使用，明代文選刪述本大多沿用，《瀹注》最爲突出。清代方廷珪《文選集成》將此光大爲注釋的主體。

政治範疇的朝代分野框定不了文化範疇的學術綿互。清代選學的同類本子〔註15〕仍然具有鮮明的指南性，這一點各本的序言與凡例已經明確指出。〔註16〕具體到刪述過程中表現如下。《集評》在卷首「姓氏小傳」中多處增添直白淺易的表述，藉以取代引注，主要集中在闡明人物關係、地理沿革。如班固條下加「按：固即彪子。」何劭條下加「按：陳國，今河南陳州府。」《疏解》於每段正文之後加一段疏通大意的文字，類似白話翻譯。實爲新創之體例，爲避免「學者但知字句典故，未能分章按節，融會貫通」的弊端，達到「使一篇之章句節目瞭如指掌，庶可爲初學之一助」的目的。〔註17〕此本所保留

---

〔註15〕根據《中國古籍善本書目》、《北京大學圖書館館藏善本書目》收錄，清代選學中屬於刪述性質的本子主要爲於光華輯：《文選集評》、顧施楨輯：《文選六臣彙注疏解》、洪若皋輯評：《梁昭明文選越裁》、方廷珪輯：《文選集成》等。

〔註16〕〔清〕於光華輯：《文選集評・秦鑨序》：「足使人盡讀選而不覺其詞義之艱深也。」《文選集評》十五卷，北京大學圖書館藏清乾隆刻本。

〔清〕方廷珪輯：《文選集成・奇寵格序》：「俾姿之敏鈍不一者皆得以借經而入焉。」《文選集成》六十卷，北京大學圖書館藏清乾隆 32 年仿范軒刻本。本書所引《文選集成》皆據這一版本，以下恕不贅述。

〔註17〕〔清〕顧施楨輯：《文選六臣彙注疏解・凡例》，《文選六臣彙注疏解》十九卷，北京大學圖書館藏清康熙 25 年刻本。

的善注也非原貌，文字簡易曉暢，是疏通後的「簡體善注」。《集成》將李善注與明人注比較，嫌李注「引據多，發明少」〔註 18〕，所以保留較少，引注更少，僅爲掃除字詞障礙。還對李注「駁正改易，自謂發明甚多。」〔註 19〕其發明內容除評點之外，實爲導讀性質的注釋，與明人增述中的導讀文字無二，卻在篇幅上構成注文的重點。至於《越裁》，實爲張鳳翼《文選纂注》的二代刪述本，〔註 20〕注釋風格與張本一脈相承。

當然，清本也會多少顯露一些自己的特點。受乾嘉學派考據謹嚴的影響，《集評》在引注標明出處方面比較嚴格，勝於明本。且卷首的「作者姓氏小傳」幾乎引自李善注，這在明本相關部分中很是少見。《集成》「卷首總目」錄「李善上文選注表」，卻不錄六臣之表，且專設一「按」指出「六臣亦有表文一篇，其文不佳，故刪之。」雖然在實際的刪述過程中大量增入導讀內容，李注和五臣注保留都很少，但畢竟明確了態度。除此之外，清本指南性的表現形式也在變異中深化。一方面，明本的刪述對象基本上就是李善注和五臣注，而清本在此基礎上又包括了許多明本，所以書名多見「集」、「彙」字樣。經過有明一代的積累，清本的選擇更多，不必只拘泥於兩者之間。然而，因爲明本的注釋風格靠近五臣，所以它們的大量入選勢必沖淡李善注代表的純學術性。另一方面，《集成》的編書宗旨突出「發明」，並以此爲標準否定李善注與諸多明本。前面提過，「發明」實指導讀性質的注釋，篇幅上占注釋的主體。就這一點來看，五臣注不及明注，而《集成》又勝過明注。五臣注——明注——清注（以《集成》爲主）在指南性的軌迹上一站超過一站地前行著，與李善注在兩個維度上漸行漸遠。

## 三、總論

明代文選刪述本的注釋風格與五臣注一脈相承，這和時代精神不無關係。自唐代起，《文選》的主要注本只有李善和五臣兩種。前者嚴謹質樸、淵

---

〔註 18〕　〔清〕方廷珪輯：《文選集成・凡例》。

〔註 19〕　駱鴻凱：《文選學》，頁 118。

〔註 20〕　〔清〕洪若皋輯評：《梁昭明文選越裁・序》：「其注始則有唐六臣爲之詮釋，近經張伯起加以刪定，然縛雜雖鋤，訛舛未訂。茲較之情理，考以典故，並爲修正。」《梁昭明文選越裁》十一卷，四庫全書存目叢書，集部 287，據廣西師大圖書館藏清康熙名山聚刻本影印，頁 682。

博厚重；後者直接扼要、鋒利明快。從注釋性格的精神內涵來看，較之李善注，五臣注不是體制內的性格，與中國傳統的國民性也相去甚遠。不同時代對二者的選擇傾向能夠折射出不同的時代性格。據唐人記載，在相當長的時間裏，五臣注流行的程度超過李善注。〔註 21〕五代時丘光庭在《兼明書》中也提到這一點。〔註 22〕五臣注《文選》刻木始於五代蜀時毋昭裔，李善注《文選》卻到北宋才開始付梓。此後，罕見各自的單行刻本，這種局面一直延續到清人胡克家重刻宋尤袤刊本，成爲有清一代《文選》考據學的一支強音。就時代性格及其影響下的文化性格來說，唐代、明代思想活躍、人性張揚；宋代、清代則相對沉悶穩重，思想禁錮較深。因此，唐、明盛五臣，宋、清重李善，蘊含著時代性格對注釋性格的選擇。

明代文選刪述本的刊刻流傳具有很強的商業性，這也得益於那個繁榮熱鬧的時代。一方面，與科舉考試緊密聯繫。明代科舉中，鄉試、會試都要考論、策、判、詔、誥、表等文體的寫作。〔註 23〕這些問題在《文選》中大都能夠找到，且作爲千古流傳的經典具有最高的仿傚性。因此許多《文選》注本、選本、評本都應運而生。選本《文選拔萃》的著者方弘靜就在《敘》中明言「於選中取其有資於舉業者，若書序表論，……，以便初學之捷徑。」《文選芟》序者也記載著者杜詩曾言「此通於制義者，聊代兒輩作活計耳。」另一方面，這些刪述本多出現於嘉靖、萬曆年間，正是出版業繁榮時期，書坊林立的局面逐漸形成。供士子應選之用的「時文評點」的專營書肆很多，以致被官府斥爲「近時時文流佈，四方書肆商人藉此以賈利，士子假此以僥倖，

〔註 21〕〔宋〕李濟翁：《資暇錄‧非五臣》「世人多謂李氏立意注《文選》，過爲迂繁，徒自騁學，且不解文意，遂相尚習五臣。」碎錦彙編 49 種，北京大學圖書館館藏明刻本。

〔註 22〕〔五代〕丘光庭：《兼明書‧五臣注文選》：「五臣者，不知何許人也。所注《文選》，頗謂乖疎。蓋以時有王張，遂乃盛行於代，將欲從首至末，寧其蕭根，則必溢帙盈箱，徒費箋翰。苟葳而不語，則誤後學習，是用略舉綱條。餘可三隅反也。」《兼明書》第四卷，叢書集成初編 280，上海：商務印書館，民國 25 年（1936 年），頁 35。

〔註 23〕〔清〕張廷玉：《明史‧選舉二》：「鄉試以八月，會試以二月……初設科舉時，二場論一道，三場策一道……後頒科舉定式，二場試論一道，判五道，詔誥表內科一道。三場試經史時務策五道。」《明史》，卷七十志第四十六。《明史》，中華書局點校本，1974 年版。本書所引《明史》皆據這一版本，以下恕不贅述。

宜加痛革。」〔註24〕這與當時盛行的評點之風相呼應。評點本很受市場歡迎，銷量遠遠高於沒有評點的「白頭本」。書賈爲迎合市場需要，或自評或請名家作評以求促銷。明代文選刪述本大多爲評點、注釋一體本，當然難逃商業化的衝擊。

在這樣的文化背景下，無論是刪述者還是書商都要求從讀者的角度也就是市場需要的角度出發去調整傳統注本。艱深化爲淺近，繁複刪成簡約，掃除閱讀障礙，優化版面效果，儘其所能引導讀者快捷有效地把握文本。調整的結果必然是傳統注本的簡化、俗化，說到底是去經典化。這樣我們就能理解徵引繁富的李善注爲何不受刪述者青睞，刪述本爲何引書多不注出處，《文選纂注》爲何版本眾多，經久不衰。〔註25〕當然，這與明人的文化心理不無關係。紀昀就曾斷言「快書百種，最下最傳，蓋其輕儇佻薄與當時士習相宜耳。」〔註26〕雖然是清儒站在自己的立場上否定明代學風的口氣，但看出快書易傳乃士風所致還是有道理的。即此而觀，明代選學中傳統注本向刪述本的轉變實質上就是精英文化向大眾文化的過渡。精英文化先驗地認定「你會懂」，要求「你要懂」。所以才會卷帙浩繁、博引艱深。大眾文化則寬容「你不懂」，認爲「你不必懂」，所以才要刪繁刈晦，指南導讀。精英文化以高平臺、高水準實現的社會區分，隨著商品經濟的發達、出版物的普及，逐漸消融在平民文化的大潮中。

清人站在樸學的立場上，對明代文選刪述本頗多不屑，〔註27〕自是一家道理。今人觀之，不能清云亦云，對其價值一概抹殺。以張鳳翼《文選纂注》一書而論，刻本與序跋、批校者達二十多人次，澤被明清二代，對民間社會的文化普及乃至童蒙教育影響深遠。清儒是從學術的角度——準確地說，是從學術的一支，考據學的角度——來評判刪述本的，卻無視社會接受和民間評價。一

---

〔註24〕〔明〕俞汝楫編：《禮部志稿》，卷七十一，「重選舉五事」，《景印文淵閣四庫全書》第 598 冊（史部三五六，職官類），臺北：臺灣商務印書館，1983 年版，頁 214。本書所引《景印文淵閣四庫全書》皆據這一版本，以下恕不贅述。

〔註25〕根據《中國古籍善本書目》、《北京圖書館館藏善本書目》等所錄，《文選纂注》各式版本多達二十種左右，清代批校、評點本近十種。

〔註26〕〔清〕永瑢：《四庫全書總目提要》，卷一百三十四子部四十四，雜家類存目十一，頁 2775。

〔註27〕〔清〕永瑢：《四庫全書總目提要》：「（《文選尤》）其書取文選舊本臆爲刪削。」「《選詩約注》亦無考證發明。」卷一百九十一集部四十四，總集類存目一，頁 4236。

方面，並不是所有讀《文選》的人都要去做學問。既然這些刪述本多爲士子應選之用，那麼考試之後，高中的做官，不中的或去治學，或去經商，或潛心文章、書畫。晚明是一個自我價值多有發現的時代，士人謀生手段與生活方式的多元化契合了出版物取向與價值的多元化。另一方面，從知識、思想的社會接受史來看，是指南性、普及型的大眾讀物，包括啓蒙教育的讀本，而不是藏之名山、束之高閣、僅在少數精英知識分子圈內輾轉的文字資料，構成社會文化的底色，推動人類普遍知識水平的發展。這就是明代文選刪述本及其同類出版物的終極價值所在，也是本書不囿成說、爲其正名的目的所在。

## 第二節　明代出版與傳播對《文選》刪述本的影響

　　刪述本是明代《文選》研究著作中的一類，多懼李善注與五臣注繁複，爲求簡易、刪削二注而成。是時評點盛行，刪述本的版式設計往往注、評一體，所以在分類上與評點本多有重合〔註 28〕。刪述本中有評點意味的增述部分和有評本中的評點部分構成「評點文本」，純粹的刪注部分構成「注釋文本」，共同支撐起原典的闡釋體系。同時，通常情況下的版面模式——評語置於頁眉作眉批，篇末作總評，行間作夾批等；注釋則附於文間——又分割出約定俗成的「評點板塊」和「注釋板塊」，意欲以空間劃分規定評與注的職能分工。這兩組範疇一從內容角度，一從形式角度劃定評與注的界限，落實到具體著述中，卻往往不能重合。然而，正是二者的偏差生成了選題的意義，使我們有必要探討注與評對文本闡釋的作用的異同以及二者之間的關係，並最終將它們置於那個出版與傳播的力量空前強大的時代，挖掘閱讀習慣與文本闡釋之間的博弈。

　　以八股文爲濫觴的明代文章批點〔註 29〕通常被稱之爲「時文批點」。明代

〔註 28〕爲方便論述，以下以版式爲區分標準，將刪述本中有評點的本子稱爲「有評本」，反之爲「無評本」。前者包括閔齊華：《文選瀹注》、鄒思明：《文選尤》、郭正域：《選詩》、郭正域：《新刊文選批評》、李淳：《新刻選文選》、鄭維岳增補、李光縉評釋：《鼎雕增補單篇評釋昭明文選》；後者包括張鳳翼：《文選纂注》、陳與郊：《文選章句》、王象乾：《文選刪注》、馮惟訥：《選詩約注》、虞九章：《文選詩集》。

〔註 29〕鄭振鐸：《劫中得書續記‧批點考工記》：「明人批點文章之習氣，自八股文之墨卷始，漸及於古文，及於《史》、《漢》，最後，乃遍及經子諸古作。」《鄭振鐸全集》第六冊，石家莊：花山文藝出版社 1998 年版，頁 863。

出版業極盛，其中一個重要支柱就是嘉靖中葉以後〔註30〕時文評點本的大量湧現。上一節提到過，根據《明史‧選舉志》的記載，明代科舉中，鄉試、會試都要考論、策、判、詔、誥、表等文體的寫作。不少文體在《文選》中都能找到，且作為千古流傳的經典具有最高的仿傚性。因此許多《文選》注本、選本、評本都應運而生〔註31〕。加之迎合市民趣味的小說評點也很興盛〔註32〕，且評點體例也大致固定。《文選》類出版物的編著者和出版者在這樣的大背景下當然不可能不受到影響。版式設置對闡釋方式職能的規定就說明了這一點。

先來看有評本的情況。「評」一般被置於頁眉、篇末、行間，這是明代各類評點本都大致包括的格式——眉批、總批、夾批，「注」則保留傳統注本中隨文的格式不變。如閔注孫評《文選瀹注》中孫評置於頁眉，閔注隨文；郭本《新刊》情況相似；《選文選》與《鼎雕》本作為張鳳翼《文選纂注》的刪述本，即《文選》的二代刪述本，也是這種格式；郭批《選詩》改為行間夾批。《文選尤》情況複雜一些，注釋從傳統隨文的位置挪到頁眉與眉批共處，但以不同字體和顏色加以區分。移位使得注釋得以鋪陳的空間大為縮減，必須隨之盡量壓縮。同時，不能再像隨文時那樣對字詞句逐一、從容地闡釋，只能將某一段落作為著眼點，摘取這一段的零星注文匯合起來統一解之，所以常見「樵蒸六句言……」、「炎感二句言……」(《甘泉賦》)類似的注釋形式。同時對應的注釋內容很少有引注，基本上是某一段落的文意通釋，與評點中

〔註30〕〔清〕顧炎武：《日知錄‧十八房》：「愚按弘治六年會試，同考官靳文僖批，已有自板刻時文行，學者往往記誦，鮮以講究為事之語，則彼時已有刻文，但不多耳。」以此注解李詡：《戒庵老人漫筆》卷八所言嘉靖中後期版刻之盛：「餘少時學舉子業，並無刊本窗稿。有書賈在利考朋友家往來，抄得燈窗下課數十篇，每篇謄寫二三十紙，到余家塾，揀其幾篇，每篇酬錢或二文或三文……未聞有坊間板。今滿目皆坊刻矣，亦世風華實之一驗也。」卷之十六，上海：商務印書館，1935 年版（根據萬有文庫版本印行），頁 41。本書所引《日知錄》皆據這一版本，以下恕不贅述。

〔註31〕〔明〕方弘靜：《文選拔萃‧校刊敘》：「於《選》中取其有資於舉業者，若書、序、表、論，……，以便初學之捷徑。」北京大學館藏明嘉靖三十年午溪吳默刻本。本書所引《文選拔萃》皆據這一版本，以下恕不贅述。《文選苌》序者也記載著者杜詩曾言「此通於制義者，聊代兒輩作活計耳。」

〔註32〕〔明〕葉盛：《水東日記摘抄》：「今書坊相傳射利之徒偽為小說雜書，……農工商販，抄寫繪畫，家畜而人有之。癡騃文婦，尤所酷好。」卷五。叢書集成初編 2799，北京：中華書局 1991 年版，頁 252。

闡釋文意與結構的導讀類文字很是相像。解釋字詞也多爲掃除障礙，無出處，無引注。種種迹象表明注釋位置的變化帶動了注解理念的變化。注評同位，使得注的風格向評靠攏。可見版式對闡釋方式的職能的影響。

　　《鼎雕》本中有一個現象值得關注：剛才說過此本是《文選纂注》的刪述本，眉批中有一部分評語是張本中的注釋。而張注如名所示，是在刪削五臣注與李善注的基礎上、纂集各家評注而成，只是不標出處，貌似自家增述。《鼎雕》本將各家評注從張本的隨文注釋中拉出來，置於頁眉，標上出處即評者姓名，還原爲「某某曰」的形式。這樣一來，注釋就搖身一變成了眉批。這個還原過程揭示了刪述者（或者出版者）的一個潛意識：位置賦予職能。放在正文中隨文就是注，拉到頁眉加個「某某曰」就是評。內容沒有實質上的變化，只靠版面位置來區分。

　　無獨有偶，在無評本中，類似以版面形式來界定、暗示不同闡釋方式的職能的現象更多。某些近似評點的刪注和增述被分置出來，履行「評」的職能。這裡有兩個問題需要注意：第一，無評本作爲純粹的刪述本，內容較單純，一般只有正文和注釋，所以版式也較簡單，大多是不分欄的一體化版面。所以行間（夾批）和篇末（總評）是這些近似評點的刪注和增述最常見的位置。二是近似評點的刪注基本上取材於五臣注，與李善注無涉，相關增述也多是五臣一路的文意通釋。這種選擇不難理解。李善注以徵引繁複著稱，長於考據訓詁，但「釋事而忘義」，太過嚴肅；五臣注則正好相反，偏重通解文意，簡易明快，人情味更重。如果要論哪一種注釋風格更貼近評點，更容易轉化成評點，當然非五臣注莫屬。

　　在此基礎上來考察無評本的情況。虞九章《文選詩集》將李善注保留在隨文的傳統位置，五臣注以小字置於行間，形如夾批。王象乾《文選刪注》中的五臣注相關內容同虞本。陳與郊《文選章句》的版式如題所示，將正文分章，原來穿插在正文中的注釋都彙集起來置於每章之後，再於彙注之後設一個「陳與郊曰」。既有針對傳統注本的學術性的訂誤、駁難，也有針對原典的文本細讀和評論。因爲主要闡發刪述者個人觀點，加之所處位置——長篇如賦類，附於章末，近似章回小說中的回批；短篇如詩歌、短文，附於文末，近似「總評」——以及正文中隨處可見的圈點，所以有道理確信「陳與郊曰」這種形式是具有評點性質的〔註33〕。

――――――――――――――

〔註33〕陳本題名「章句」，應該有取漢儒章句之學的意味。漢儒章句之學是講經之法，

　　馮惟訥《選詩約注》表現更爲明顯。第一種情況，主要體現在短篇如詩歌中，一首詩前面部分的注釋都是李善式的引注和字詞訓詁，末句注爲五臣式的文意通釋，點明大旨，很像篇末總評。如謝靈運《登江中孤嶼》一詩，末句注爲刪削後的呂向注：「言見此山靈異，始信神仙之道得盡養生也。」前注爲「孤嶼」、「亂」、「緬邈」等字詞之釋。不難看出，這種情況需要末句注中原本就有總述性的內容。在沒有的情況下，有時會將題注中的類似內容移至篇末充當總評。如曹植《白馬篇》題注「良曰……言人當立功盡力爲國不可念私。」陸機《塘上行》題注「銑曰言婦人衰老失寵，行於塘上爲歌也。」等等皆爲此類。很明顯，後一種情況更具有「刻意爲之」的意味，同樣是點明意旨，非要從頭拉到尾。發展到這一步，「位置規定職能」的排版理念已經不再是一個潛意識了。在末句注充當總評的基礎上，馮本的一些組詩，如《雜詩六首》、《古詩十九首》中的每首詩都是這樣的形式，通篇看起來就很像回批。此外，馮本有時會在末句注裏增加眾家評議，形式爲「某某曰」，內容大多是感悟性和藝術性的評論，不似陳與郊《文選章句》多談學術性問題。自家評論不多，一般是在末句注的最後無標識地直接加上兩句，偶爾用「訥按」提示一下。這樣就形成了馮本闡釋體系的慣常形式：正文+字詞訓詁（引注）+評論。評論部分基本是馮氏的增述，已經與點評無二，馮本卻沒將它徹底分置出來，只是隱藏在末句注中，與傳統的注釋混同在一起。馮本的刊刻年代是萬曆九年，是時早已進入評點出版物的大盛時期，在這樣的大背景下，版面設計完全可以堂堂正正地把這一部分分置出來，設成眉批或總評。《文選章句》刻於萬曆二十五年，也屬於這種情況，且比馮本更進一步，還帶有圈點，但在版式上仍然是無評本。再者，馮、陳二本中的評論性文字屬於己意增述，與虞、王二本純爲刪注不同，更具有分置的資格。但是二本卻沒有這樣做，筆者推測原因，應該是二本給自己的定位還是「作注」，這從書名「約注」、「章句」就能看出來。所以依然按照傳統注本的形式規範版式。二本身置評點出版物大盛的浪潮中，有意識地以版式暗示注釋中相關內容向評點的轉化，卻

---

目的是解釋經中文義。曾國藩：《經史百家簡編序》曾指出評點與章句的親緣關係：「自六籍燔於秦火，漢世掇拾殘遺，征諸儒能通其讀者，支分節解，於是有章句之學。……科場有勾股點句之例，蓋猶古者章句之遺意。」因此，陳本中的「陳與郊曰」和圈點無論是繼承漢儒章句之體例，還是受本朝評點之風的濡染，都具有評點的性質。〔清〕曾國藩著、王澧華校點：《曾國藩詩文集》，上海：上海古籍出版社，2005年版，頁316。

又不願僭越注本的定位。從這一點來看，明代後期的經典闡釋者們對評和注這兩種新舊有別的闡釋方式〔註34〕還保持著明確的分工意識。這一點很重要，是刪述者（或者出版者）有意識地進行版式分工的思想前提。

從以上對有評本和無評本的綜合考察可以看出，刪述者（或者是出版者）對李善注與五臣注各自的注釋性格已有把握，認識到五臣注與評點的相通之處與可轉化性，因此對注與評的職能產生明確的分工意識，落實到出版過程中就形成版面位置的分工。如果說在這個環節上還是由職能分工決定位置分工，那麼隨著版式及其各部分對應的內容越來越得到認同直至約定俗成，就發展成了放在行間隨文就是注，拉到頁眉加個某某口就是評；發展成同樣是點明大旨的注釋，非要從題注拉到篇末，披個貌似總評的外衣。在這個過程中，版式潛移默化地引導視覺，最終，位置反過來表達甚至決定職能，以至於評和注的某些內容很難區分。這種轉變的背後主導就是閱讀習慣的力量。在一個出版業繁榮導致信息量空前增大的年代，閱讀習慣是由出版和傳播培養和左右的。說到底，這是大眾文化的力量，是那個時代的力量。

《文選》經由唐人傳世的只有李善注和五臣注兩大注本。這兩種注釋一直是《文選》占主導地位的闡釋方式。而到了明代，評點風行，與《文選》相關的著述頗多此類內容。因此評點作為一支不可忽視的力量，與注釋共同支撐起了原典的闡釋體系。但因為明人刪削六臣注時，又隨心所欲地在刪注中增加了不少或為表達情緒或為指導讀者的文字，加之評點的內容也很駁雜。所以雖然有版式對職能的界定，但實際上二者有一些內容是很難區分的。也就是說，形式上的「注釋板塊」、「評點板塊」和實際內容上的「注釋文本」和「評點文本」是不能重合的。

---

〔註34〕評點起於何時，古代學者持論不一。有持梁代、唐代、南宋等諸多說法。但一般學界傾向於南宋說。《四庫全書總目》卷三十七經部三十七《蘇評孟子》提要云：「宋人讀書，於切要處率以筆抹，故《朱子語類》論讀書法云『先以某色筆抹出，再以某色筆抹出』。呂祖謙：《古文關鍵》、樓昉：《迂齋評注古文》亦皆用抹，其明例也。謝枋得：《文章軌範》、方回：《瀛奎律髓》、羅椅：《放翁詩選》始稍稍具圈點，是盛於南宋末矣。此本有大圈、有小圈、有連圈、有重圈、有三角圈，已斷非北宋人筆。其評語全以時文之法行之，詞意庸淺。不但非洵之語，亦斷非宋人語也。」已將評點中的圈點作為判斷依據。此外，吳瑞草：《瀛奎律髓重刻記言》也說：「詩文之有圈點，始於南宋之季而盛於元。」可見評點作為一種文本的闡釋方式，其興盛與流行應該不早於南宋，較之注釋則算是新生力量了。以上持論與論據源於張伯偉：《評點四論》，原載：《中國學術》第六輯，北京：商務印書館 2001 年 5 月。

　　明代《文選》刪述本的評點文本主要包括三個方面的內容：講法、藝術分析和導讀。所謂「講法」，就是講解文章的章法、句法。喜歡講法，是從宋代的一些針對時文的評點本——例如《文章軌範》、《古文關鍵》、《蛟峰批點止齋論祖》、《批點分格類意句解論學繩尺》等——就開始的評文風氣。藝術分析是針對文本修辭的文學性分析，既有別於敘事性文本如小說評點中的道德分析、社會分析之類，也不同於那些以應舉作文爲目的的文法分析。導讀則是評點者站在讀者的立場，指導讀者理解文意、把握結構的指南性文字。相當部分與五臣注中疏通文意一類注釋無二。如《鼎雕》本中「王世貞曰『諸臣間作足爲雅頌之亞』明賦之可以獻於天子。」有些通篇評語就是根據文脈爲文章分段之後的各段大意。如郭本《新刊》中《文賦》的眉批以「模擬之文」、「獨造之文」、「短簡之文」、「冗長之文」、「浮虛之文」、「豔冶之文」、「樸實之文」七個段式短語點明了文章的線索。這種現象在長文如賦之中幾乎篇篇都有。說白了就是將傳統注釋（其本上是五臣注）中分散在文章各起承轉合處的點睛之語拾出來，串成線說。可以發現，評點文本中的導讀類文字與注釋文本中的導讀內容——即五臣注一類疏通文意、揭示文脈的增述很是相像。如《文選纂注》中《東都賦》增述「言西都形勝不如東都也」、「言西都風俗不如東都也」，明示作者對兩都各方面的比較，如同前述極似段落大意的《文賦》眉批。《文選章句》中《古詩十九首》增述「『生年不滿百』，嗤長憂也。」以及《文選瀹注》中《離騷》增述「眾不可戶說以下答女嬃之詈也，此起下就舜陳辭也。」之類也與評點文本中疏通文意的導讀文字無異。這樣看來，一個可以正推也可以逆推的命題成立了：點評文本與注釋文本中的導讀性文字在精神上是一致的，內容上是互爲延伸的。正是這種你中有我、我中有你的狀態才形成了對版式規定的衝擊。形式上的職能分工與實際內容上的藕斷絲連說明：任何一種闡釋方式爲之服務的都是同一個目的——解讀文本。它們會在產生、發展的過程中彼此吸收、滲透、交叉。一旦共處於爲同一個文本服務的模式中，其親緣基因就彰顯出來，不同程度地實現「共生」狀態。

　　既然導讀文字是注釋文本與評點文本達成共生的紐帶，而導讀又是五臣注與李善注內容的區別之一，那麼可以說，沒有刪述者對五臣注釋風格的青睞，就沒有這兩個闡釋系統的交集。明人偏愛五臣注，重要一點在於它簡潔易懂，鋒利明快，相對於李善注的浩博淵深、嚴謹厚重來說更容易快速掌握

信息，更有利於文化普及。因此，指南性強是刪述本的基本特徵。注釋文本實現了簡化、俗化，再有評點這種從出世起就帶有服務科考、抒發情懷等俗世趣味的闡釋方式的加入，由李善注構成的《文選》闡釋體系的精英化色彩大大降低，明代《文選》刪述本也就實現了向大眾文化讀本的轉變。

評點的加入和平分秋色打破了《文選》傳統注本中注釋一統天下的局面。無論是被大幅度削減，還是被驅逐出傳統位置，抑或是向評點看齊和靠攏，都是對注釋主導地位的瓦解。這裡無意於比較二者誰更重要，誰在闡述體系中地位更高。但是作為同一文本的兩個闡釋系統，其中一個的加入和逐漸強大勢必伴隨著另一個地位的相對下降。以郭正域的《選詩》為例，郭本對注釋採取的版式是將每一卷中每首詩需要注解的字詞彙總附於卷後，冠名為「某卷之訂注」。這種方式一方面使得原有的六臣注必須大量削減壓縮，才能適應以字詞為意群作注的形式。另一方面將零碎的簡注匯總置於卷後，如同旁置字典，遇到字詞障礙時再行翻查。無論從所佔篇幅還是從閱讀時的便捷程度來看，郭本中的注釋文本都遠遠不能和六臣注中的傳統注文相比。同時，雙行夾批並始終隨文的評點文本倒成了讀者閱讀的第一印象和最便捷的指導。《新刊文選批評》和選詩同為郭正域一人所編，除卻《新刊》將評點置於頁眉之外，形式無異。很明顯，在這兩個本子裏，評點在闡釋地位上大有超越注釋的勢頭。

從漢儒講經，動輒「百餘萬言」，〔註35〕到李善注《文選》卷帙浩繁，難以卒讀，注釋在經典解讀中一直處於唯我獨尊的地位。這種「我說你聽」的方式表達的是單向性的說教和灌輸，長篇巨帙形成的籠罩性氣勢隱含著經典及其闡釋方式對接受者潛移默化中的控制。使得接受者只能完全處於被動地位，不能也無法抒發個人的意志。這種灌輸——接受的一元關係深層次對應體制下的個人命運。相形之下，評點則風貌迥然。它以自我為中心，隨心所欲，可論、可注、可考，可以娓娓道來，也可以拍案叫好，不拘形式，親切自然，與讀者時時互動。個體意識的張揚以及對接受者的重視和「不視」，說到底是時代精神的表現。新的闡釋方式的加入和舊方式的改頭換面使得《文選》的闡釋文本在明代實現了從體制化向個性化的轉變。

另一方面，評比注更能適應明代城市文化繁榮、生活節奏加快帶來的信

---

〔註35〕〔東漢〕班固：《漢書》，卷八十八儒林傳第五十八。《漢書》，中華書局點校本，1962 年版。

息需求量增大的問題。前面說過，有評本中的評點主要包括講法、藝術分析和導讀三部分，而刪注部分由於側重保留五臣注，基本內容就是句意疏通、導讀和少量引注。從慣例、形式來看，除了引注部分評點難以涵蓋，〔註 36〕其它兩部分可以而且已經被評點分擔了相當的內容。可以說在職能的包容性和涵蓋面這一點上，評點這一闡釋方式是勝過注釋的。這是因為評點的本質是個性化的，主觀性強使得它更靈活，隨筆意味更濃，也就更自由。注的目的是為了解釋經典，應該並且只能盡量客觀，以引用前賢觀點為主，減少感情色彩。從歷代對五臣注的貶斥中可見這一傳統觀念的根深蒂固。因此在具體闡釋過程中，注的表現力和適應力是不能跟評相比的。

其實，不僅僅是明代文選刪述本中的評點文本的職能範圍更大。從南宋出現評點本以來，許多本子——如劉辰翁的一系列評點——的評點文本就包括講法、藝術分析、導讀等內容。〔註 37〕同時，根據有關研究，明代小說評點中也存在類似現象。「明代書坊主的小說評點的演變發展是由注重文本的注釋、解讀到藝術分析。」〔註 38〕由此可見評點這一闡釋方式承載信息量的能力。明代城市經濟發展迅速，市民文化繁榮，對出版物的信息含量提出了更高的要求，甚至出現了類似今天雜誌一類的讀物，如《國色天香》、《萬錦雲林》等，以傳奇故事、戲曲唱詞為主，增飾大量詩詞、笑話、謎語、小曲、書信、對聯等，招徠讀者。〔註 39〕由此可見，在明代受歡迎的出版類型——「雜誌」、評點、類書等等，都與信息量大，滿足市民日益增長的信息佔有欲有密切關係。

關於明代文選刪述本中注釋文本與評點文本的共生狀態這個問題，無論是從其產生基礎來看——建立在刪述者繼承五臣注釋風格的前提上，還是從其影響來看——打破單向性、一元化的闡釋模式，使評點得以施展隨筆性強、信息量大的優勢，歸根到底都是明代出版與傳播事業繁榮的產物。所以，它與版式分工規定注與評的職能分工這一點，從相反的維度共同證明了出版和傳播力量的強大。即此而觀，明代文選刪述本中版式分工與注、評共生狀態之間的博弈，贏家永遠是時代傳媒的力量。

---

〔註 36〕 評點中也偶爾出現引注內容，但數量很少，不成氣候。

〔註 37〕 但大多是評點古文的本子，評詩歌的——如《批點明詩七言律》、《李長吉歌詩》、《唐詩批點正音》、《古今詞統》等等——絕大部分都是藝術分析的內容，導讀、講法很少。這當然是受體裁特徵影響。

〔註 38〕 程國賦：《明代書坊與小說研究》，北京：中華書局 2008 年版，頁 309。

〔註 39〕 繆詠禾：《中國出版通史·明代卷》，北京：中國書籍出版社 2008 年版，頁 140。

# 第二章　明代《文選》選本

　　選本作為後人對某一經典作品集的重新篩選和結集，勢必源自選家的理念和眼光，同時又不可避免地受制於選家所處時代的思潮、士風和制度，並由此牛發出選本與原典之間的諸多互動。明代選本編纂盛行，選家往往以選本為旗幟來標舉文學觀念，引領文學批評潮流。作為中國文學史上第一部文學總集的《昭明文選》，在明代也出現了一系列的選本。〔註1〕其中包括以《文選》全帙為刪選對象的詩文選本和分別針對文章部分、詩歌部分進行刪選的文章選本和詩歌選本。因為選者主動加以區分，加之詩、文的體裁特徵本就不同，為方便敘述，同時也有利於凸顯選本體例和刪選過程根據不同作品體裁而做出的調整，本章將選本的選文情況和選詩情況分別論述。

## 第一節　明代《文選》選本的選文情況

　　明代《文選》選本中對文章部分進行刪選的本子主要有《文選尤》十四卷、《新刻選文選》二十四卷、《鼎雕評釋》八卷、《文選芟》四卷、《文選拔

---

〔註 1〕有些雖然名為選本，但基本上是原典某一部分如詩類、文類、賦類等的單行
　　　　本，在篇目上沒有篩選，也就談不上選家對原典的再創造。本章的研究範圍
　　　　在排除這一類本子之後，根據《中國善本書目》等，主要包括以下十二部：
　　　　元明間劉履編：《選詩補注》八卷、鄒思明刪訂：《文選尤》十四卷、杜詩選
　　　　編：《文選芟》四卷、方弘靜選編：《文選拔萃》三卷、李淳刪定批點：《新刻
　　　　選文選》二十四卷、李叔元刪定、鄭維岳增補、李光縉評釋：《鼎雕評釋》八
　　　　卷、郭正域批點、凌濛初輯評：《選詩》七卷、馮維訥：《選詩約注》八卷、
　　　　劉大文輯：《選詩》三卷、虞九章訂注：《文選詩集》七卷、許宗魯輯：《選詩》
　　　　三卷、楊慎輯：《選詩》三卷。

萃》三卷。〔註2〕這些選本以重視文體問題、呼應本朝科舉制度、與原典積極互動的諸多方式在選文過程中展現自己的編選理念和文學觀念。

## 一、重視文體問題

明代《文選》各選本非常重視文體問題，自覺地調整文體來表達選本的編纂理念和文學觀念。現將各選本在文體問題上對原典的改動情況列表說明：

| | 明代《文選》選本 | 六臣本 | 說　明 | 評　價 |
|---|---|---|---|---|
| 鼎雕評釋 | 合併爲「弔文」類 | 「文類」中的弔文和祭文兩類 | 《古文辭類纂》立哀祭類，說明哀、弔、祭的原始含義，雖然有哀夭折、弔慰生者、祭死者的不同，但就其流變說，三者內容已經合而爲一，只是形式上還有些差別。〔註3〕 | 有利於校正原典「分類碎雜」〔註4〕的缺點。 |
| | 「書」類移至「上書」和「啓」類之間。 | 「書」類原在「奏記」和「檄」類之間。 | 《文選》中書信類文體的既定排序爲表、上書、啓、彈事、箋、奏記、書。其中表、上書、啓、彈事、箋、奏記皆屬於臣下向皇帝、諸王陳辭進言時所寫的公文。〔註5〕「書」原來是公牘文與私人信件的 | 就公牘文和私人書信的分類角度來說，原典將「書」類排在最後是沒有問題的。從這個角度來說，鼎本這一變更不僅無甚意義，而且很不準確。 |

〔註2〕 其中《文選芟》四卷和《文選拔萃》三卷屬於單獨針對文章部分進行刪選的文章選本，《鼎雕評釋》雖然屬於以《文選》全帙爲刪選對象的詩文選本，但刪選行爲基本集中在詩歌部分。

〔註3〕 〔梁〕劉勰著、周振甫注：《文心雕龍注釋》，北京：人民文學出版社1981年版，頁145。

〔註4〕 〔清〕姚鼐、王先謙：《續正古文辭類纂‧古文辭類纂序目》：「昭明太子《文選》分體碎雜，其立名多可笑者。後之編集之，或不知其陋而仍之。」，杭州：浙江古籍出版社1998年版，頁9。

〔註5〕 〔梁〕劉勰著，王利器校箋：《文心雕龍校證》，章表第二十二：「降及七國，未變古式，言事於王，皆稱上書。秦初定制，改書曰奏。漢定禮儀，則有四品：一曰章，二曰奏，三曰表，四曰議。」奏啓第二十三：「自晉來盛啓，用兼表奏。」「秦漢之輔，上書稱奏。陳政事，獻典儀，上急變，劾愆謬，總謂之奏。……後之彈事，迭相斟酌，雖新日用，而舊準弗差。」書記第二十五：「公府奏記，而郡將奏箋。」，上海：上海古籍出版社，1980年版，頁154、161、177。本書所引《文心雕龍》皆據這一版本，以下恕不贅述。

| | | | | |
|---|---|---|---|---|
| | | | 總稱，實際包含了諸多文體。後來爲了加以區別，才偏指私人書信。〔註6〕《文心雕龍》就將臣對君的各類上書歸入《奏啓》，其它書信歸入《書記》。《文選》中的「書」類基本上都是私人信件，其它公牘類文體都是下陳上達之文。 | |
| 選文選 | 文類改爲策問類 | | 「策問」是古代朝廷選拔士子的試題，〔註7〕原典保存的三篇南朝永明、天監時期的策秀才文都屬於策問。 | 改得很好。「文」類太寬泛，「策」類更準確。 |
| | 弔文類改成弔祭類，祭文類全刪。 | | 文體合併說明對弔、祭文在流變中合一現象的認可。此例同《鼎雕評釋》。在祭文類全刪的基礎上，將弔文類改成弔祭類，可見選者試圖拓寬文體內涵的努力。 | 有利於校正原典「分類碎雜」的缺點。 |
| | 上書類移至表類之前。 | 上書類原在「表」與「啓」之間。 | 表是上書的一種，且出現在上書之後。〔註8〕 | 尤其這四組文體的變更建立起相關文體的新秩序：詔、冊、令、 | 上書移到表前就文體之間的涵蓋和出現時間的先後來說是正確的。 |

---

〔註6〕〔明〕吳訥編著：《文章辨體》：「按昔臣僚敷奏，朋舊往復，皆總曰『書』。近世臣僚上言，名爲『表奏』；惟朋舊之間，則曰『書』而已。」，北京：人民文學出版社，1962年版，頁41。

〔註7〕〔明〕徐師曾：《文體明辨》：「漢文中年，始策賢良，其後有司亦以策試士，蓋欲觀其博古之學、通今之才、與夫剸劇解紛之識也。然對策存乎士子，而策問發於上人，尤必通達古今，善爲疑難者，而後能之。」，北京：人民文學出版社，1962年版，頁129。本書所引《文體明辨》皆據這一版本，以下恕不贅述。

〔註8〕〔梁〕劉勰著，王利器校箋：《文心雕龍校證》，章表第二十二，「降及七國，未變古式，言事於王，皆稱上書。秦初定制，改書曰奏。漢定禮儀，則有四品：一曰章，二曰奏，三曰表，四曰議。」，頁154。

| 選文選 | | | | 教、策問∥上書、表、箋、奏記、啟、連珠∥檄、設論、書。第一組是上對下的旨令旨令〔註9〕，第二組是下對上的呈文，第三組是平級的信息傳遞〔註10〕。從政治人事的垂直關係這個角度對書函類文體作了重新分類，言之成理。 | |
| --- | --- | --- | --- | --- | --- |
| | 啟類移至奏記類之後。 | 啟類本置於上書類之後。 | 啟雖然流行得較晚，處於箋和奏記之後，但後來居上，可以代二者之用。〔註 | | 啟處於箋和奏記之後，就文 |

---

〔註 9〕 〔梁〕劉勰著，王利器校箋：《文心雕龍校證》，詔策第十九：「漢初定儀則，則命有四品：一曰策書，二曰制書，三曰詔書，四曰戒敕。」「王侯稱教。」，頁134。〔明〕徐師曾《文體明辨・序說》：「（漢制）唯用木簡，故其字作『策』。至於唐人，字始作『冊』，蓋以金玉爲之。」，頁116。〔西漢〕司馬遷《史記・秦始皇本紀第六》：「命爲制，令爲詔。」卷六。《史記》，中華書局點校本，1959年版。由以上引證可見，詔、冊、令、教皆爲帝王旨意。

〔註10〕 〔明〕賀復徵編：《文章辨體彙選》：「檄，軍書也。」卷四十二，上海：上海古籍出版社，2003年版。檄文是軍事行動中一方向另一方的聲討性文字，與設論體一樣屬發難性質。書是朋舊之間的信件。

〔註11〕 〔梁〕劉勰著，王利器校箋：《文心雕龍校證》，奏啟第二十三：「自晉來盛啟，用兼表奏。」「秦漢之輔，上書稱奏。陳政事，獻典儀，上急變，劾愆謬，總謂之奏。……後之彈事，迭相斟酌，惟新日用，而舊準弗差。」書記第二十五：「公府奏記，而郡將奏箋。」，頁161、177。

| | | | | |
|---|---|---|---|---|
| 選文選 | 「檄」和「設論」連置。 | 撤去二者之間原有的「對問」體。 | 11）原典於檄類中收《難蜀父老》，實認爲檄、難二文體相類。再者，難與設論二文體在形式上多是假設問答，以引出正面的解釋和論說。本質上都屬辯駁之論。〔註 12〕所以檄與設論爲相通相類之二體。而「對問」體（原典只收一篇《答楚王問》）雖爲問答，卻非辯難。對問是皇帝提問，臣下對答。駁議的辯論或有偏頗，對問所宣揚的卻是正統的治國之道。〔註 13〕 | | 體盛行的先後順序來看是正確的。撤走對問使檄與設論連置，有助於凸顯同類文體的內在一致性。 |
| | 連珠體移至「啓」後「檄」前。 | 連珠體原在論體之後。 | 原典連珠體只收陸機《演連珠五十首》。此文乃臣下從施政各個方面對君主的諷諫，本質上是上書，形式上也是每首「臣聞」起頭。標題爲「演」，乃承漢時連珠文而來。此體初始即爲受詔而作的啓悟主上之文。〔註 14〕 | | 連珠體的移位使上書、表、箋、奏記、啓、連珠諸文體連置，突出這些文體的臣下呈送主上的共同特質。 |
| | 刪史述贊體 | | 說明刪者認爲「史述贊」和「贊」沒必要分體，後者可以包容前者。《史記》、《漢書》、《後漢書》 | 尤本這四組文體變更建立相關文體新 | 合併名稱不同而實質無二的文體有助 |

〔註 12〕諸斌傑著：《中國古代文體概論》：「『難』與『設論』如果更深入地從性質上著眼，本沒有必要另立體類。」，北京：北京大學出版社，1990 年版，頁 22。

〔註 13〕〔梁〕劉勰著，王利器校箋：《文心雕龍校證》，議對第二十四，「夫駁議偏辨，各執異見；對策揄揚，大明治道。」，頁 170。

〔註 14〕〔梁〕蕭統：《文選·演連珠五十首》：「（劉孝標注）傅玄《敘連珠》曰，所謂連珠者，興於漢章之世，班固、賈逵、傅毅三子受詔作之。其文體辭麗而言約，不指說事情必假喻以達其旨，而覽者微悟，合於古詩諷興之義……。」卷五十五，北京：中華書局，1977 年版，頁 760。本書所引李善注《文選》皆據這一版本，以下恕不贅述。

| | | 終篇以韻語評斷人事的續傳，都屬於贊體。只是或稱「太史公曰」，或稱「史述贊」，或稱「贊」，名目有異而已。〔註15〕 | 順序：論‖史論、碑文、對問、頌、贊、箴、序‖彈事、符命。第一組選文最多，是總論〔註16〕，文體性質上統括下兩組。第二組側重史論〔註17〕，第三組側重政論〔註18〕。在具體篇什中政論與史 | 於在文體分類中精簡名目。 |
|---|---|---|---|---|

〔註15〕 〔元〕郝經撰：《續後漢書‧帝紀第一》：「司馬遷作《史記》，於帝紀、表、書、世家、列傳作序及論，皆稱「太史公曰」，其終篇則有自序及敘傳，以韻語敘斷諸人行事，與本史錯置。班固作《漢書》，其序則即其文，序下其論則曰『贊』，或載其父之言，則曰『任城掾班彪曰』，其終亦有敘傳。後世謂之『史述贊』，亦與本史錯置。范曄《後漢書》其序遵固法，而更『贊』曰『論』，亦或援引其先世及諸人之言，更『敘傳』曰『贊』，置於論之後，而序、論、贊各自爲篇，載於正史後，復古制也。」卷二，叢書集成初編3738，上海：商務印書館，民國25年（1936年），頁23。

〔註16〕 〔梁〕劉勰著，王利器校箋：《文心雕龍校證》，論說第十八：「詳觀論體，條流多品：陳政，則與議說合契；釋經，則與傳注參體；辨史，則與贊評齊行；銓文，則與敘引共紀。」頁126。

〔註17〕 〔梁〕劉勰著，王利器校箋：《文心雕龍校證》，頌贊第九：「及遷史固書，託贊褒貶，約文以總錄，頌體以論辭。」頁59。銘箴第十一：「銘兼褒贊。」說明贊體的紀傳後評實際上是史論。這一點與頌相通。「箴誦於官，銘題於器，名目雖異，而警戒實同。」頁74。可見箴辭與銘辭、贊辭都有史論意味。論說第十八：「序者次事……八名區分，一揆宗論。」頁126。說明「序」亦爲論體。尤本序類保留三篇，內容上看確不出史論範疇。《豪士賦序》意同《王命論》，而所譏刺處甚爲條達。《王文憲集序》似《晉紀總論》，述其一生本末，且論從史出。

〔註18〕 「彈事」是具有彈劾功能的文體，屬於政論。關於「符命」，尤本只留一篇《封禪文》，文體似頌體，前序後辭，前散後韻，且保留君臣議對的政論形式。

| | | | 論很難分開，不宜牽強。但選者刻意調整之後的大體類別還是清晰且有道理的。 | |
| --- | --- | --- | --- | --- |
| 論體移到史論體之前。 | | 就邏輯範疇來說，「論」應該包括「史論」。《文心雕龍》也將論文分成政論、經論、史論、文論四類。 | | 調整文體順序有利於明晰文體範疇及其之間的邏輯關係。 |
| 碑文體提到史論體之後。 | 碑文體原屬於誄、哀、碑文、墓誌、行狀、弔文、祭文一系列哀祭文字。 | 首先，「碑文」並不專志亡者。這一文體起源於帝王封禪祭天時樹石稱碑、刻石頌功，以及在宮室宗廟裏樹木稱碑。後來又從廟碑發展爲墓碑。〔註19〕因此碑文相應被分爲紀功碑文、宮室廟宇碑文和墓碑文。〔註20〕其次，從文體形式上來看，碑文一般前序後銘，「序」用散體記述對象的具體情況，「銘」用韻文體加以褒揚頌贊。實際上就是史論。〔註21〕《文心雕龍》也認定碑文不同於誄文之類哀祭文。〔註22〕 | | 碑文體在《文選》中的位置偏重於將其認定爲哀祭類文字，這樣就縮小了文體內涵，尤本的重新排序從本質上著眼，將其歸爲「論」的一類，能夠更好地凸顯碑文體的源流變化和文體形式。 |

〔註19〕〔梁〕劉勰著，王利器校箋：《文心雕龍校證》，誄碑第十二：「上古帝皇，紀號封禪，樹石埤岳，故曰碑也。……又宗廟有碑，樹之兩楹，事正麗牲，未勒勳績。……自廟徂墳，猶封墓也。」，頁82。
〔註20〕褚斌傑著：《中國古代文體概論》。北京：北京大學出版社，1990年版，頁427。

| 對問體置於碑文體後，頌、贊體之前。 | 對問體原置於檄體與設論體之間。 | 「對問」實爲政論。〔註23〕此體《文選》只錄一篇《對楚王問》，以諷喻手法論施政。 | 從文體性質角度調整位置是有深度的。 |
|---|---|---|---|

聯繫上表，可以總結出各選本在文體方面對《文選》原典的改動主要體現爲以下幾點：第一，兼併瑣碎的分類，注意文體在名、實上的差別，有簡化文體分類的意識。第二，變更文體名稱，以求更全面地勾勒文體的源流變化，更準確地涵蓋選文內涵。第三、調整文體間的次序，以同類就近的原則突出其內在一致性。最後，重新劃分文體類別，明確各個文體的範疇及其各自之間的邏輯關係，以表達選本的文體觀念。

對以上調整特別是重新排序，筆者傾向如此看待和評論：文體之間是相互衍生、相互聯繫的，不同的角度相應會有不同的分類，站在一種角度上去否定另一種角度是沒有意義的。比如說「銘」體，《文選尤》中此體的選目是楚辭體的《封燕然山銘》，從這個角度來看，將此體置於騷體、七體、辭體這一系列文體之後是有道理的，但單從文體本身來說，更應該與頌、贊、箴等文體同列。所以，對於後世選本的調整，只要一成系統，二有內在邏輯，三不違背常理下的各種文體概念，就有理由認爲是有意義的，應該盡量用寬容而非挑剔的態度去看待。總之，對既有原典的文體進行調整和重新建序，體現了思維尋求有序性及其相應的邏輯支點的能力得到加強，而這正是對原典篇目進行選擇和判斷所要求的能力，是選本素質的重要組成環節。

## 二、呼應本朝科舉制度

明代《文選》各選本的選目不同程度地受到科舉考試科目設置的影響，集中體現在原典各文體篇目的入選數量的差別上——即與科目相同或相關聯

---

〔註21〕〔梁〕劉勰著，王利器校箋：《文心雕龍校證》，誄碑第十二：「夫屬碑之體，資乎史才，其序則傳，其文則銘。」，頁82。

〔註22〕〔梁〕劉勰著，王利器校箋：《文心雕龍校證》，誄碑第十二：「夫碑實銘器，銘實碑文，因器立名，事先於誄。是以勒石讚勳者，入銘之域；樹碑述亡者，同誄之區焉。」，頁82。

〔註23〕〔梁〕劉勰著，王利器校箋：《文心雕龍校證》，議對第二十四，「又對策者，應詔而陳政也。」，頁170。

的文體入選篇目就多，反之就大量刪減篇目，甚至撤銷無關的文體。由此可以大致判斷該選本應制性的強弱程度。

　　明代科舉考試中鄉試和會試的內容主要包括對《四書》、《五經》的經義闡釋，以及論、判、詔、誥、表、策等公牘文的寫作。〔註 24〕僅以下表說明明代《文選》各選本的選目與明代科舉考試科目設置之間的關係。〔註 25〕

| | 《文選拔萃》 | 《文選芟》 | 《文選尤》 | 《選文選》 | 說明 |
|---|---|---|---|---|---|
| 表 | 4／19 | 12／19 | 10／19 | 15／19 | 「表」是二場試科目之一。前兩個選本保留的表文集中在三國時期，晉以後少選。三國表文情深意重，晉後逐漸藻重。以此可見選者傾向。後兩本亦選晉後表文，但集中在任昉之表，任昉擅長公牘文體，獨步南朝，確可作爲晉後表文的代表。 |
| 上書 | 4／7 | 7／7 | 7／7 | 7／7 | 表是上書的一類〔註 26〕，上書的文體功能也大於表，可以涵蓋大部分公牘文體。所以幾乎全選。《文選拔萃》全書的收錄數量都很有限，所以選錄四篇已經是很高的入選率了。其中兩篇還與二場試中另一科目「判」有關聯。〔註 27〕 |

---

〔註 24〕　〔清〕張廷玉撰：《明史‧選舉二》：「後頒科舉定式：初場試四書義三道、經義四道。四書主朱子集傳；春秋主左氏、公羊、穀梁三傳及胡安國張洽傳；禮記主古注疏。永樂間頒四書五經大全，廢注疏不用，其後春秋亦不用張洽傳，禮記止用陳澔集說。二場試論一道、判五道、詔誥表內科一道。三場試經史時務策五道。」卷七十志第四十六。

〔註 25〕　表格內數字用以表示各選本中與科舉考試科目相同或相關聯的文體所含篇目的入選率。分母表示《文選》原典中此文體的收錄篇數，分子表示各選本的保留篇數。其中因爲《鼎雕》本的刪選行爲主要體現在詩類中，文類基本不動，所以未列入。

〔註 26〕　〔梁〕劉勰著，王利器校箋：《文心雕龍校證》：「降及七國，未變古式，言事於王，皆稱上書。秦初定制，改書曰奏。漢定禮儀，則有四品：一曰章，二曰奏，三曰表，四曰議。章以謝恩，奏以按劾，表以陳請，議以執異。」章表第二十二，頁 154。

〔註 27〕　《文選拔萃》上書類入選四篇爲《上書秦始皇》、《上書吳王》、《獄中上書自明》、《詣建平王上書》。前兩篇爲諫書，後兩篇是爲己辯誣之書。明代徐師曾《文體明辨》中第四十四類文體「判」中即有「辯雪」一細目。

| 論 | 13／13 | 8／13 | 9／13 | 11／13 | 「論」為二場試中必考科目，且作為一種表現手法，是各個考試科目都必不可少的。 |
|---|---|---|---|---|---|
| 設論 | 3／3 | 3／3 | 3／3 | 3／3 | 就文體性質來說，「設論」與三場試科目「策」密切相關。「策」為三場試唯一科目，且有五道，非常重要，所以四個選本都是全選。「策」分策問和對策，作為士子進行對策，策文內容針對某些社會問題、政治措施發議論。〔註28〕對策是「議」即「駁議」的別體。〔註29〕就假設問答，以引出正面的解釋和論說這一點來說，駁議與設論的文體性質無二。因此設論體與策體是緊密相關的。 |
| 史論 | 7／9 | 8／9 | 3／9 | 7／9 | 三場試「策」為「經史時務策」，其中史策近同史論。另一方面，論體包括史論、政論且很難截然分開，所以史論地位也很重要。 |

聯繫上表，我們可以就明代各《文選》選本與明代科舉考試之間的關係作出以下幾點論述。

首先，可以確定明代各《文選》選本中不同文體選目的多寡與科舉考試科目的設置是有必然關係的。論、表、策三文體為科考重點科目，且在文體的表現形式和內容上有較強的穩定性，較少受時代變化的影響和限制，這使得原典中的相關篇目尚能應付異代的公牘文寫作，所以留存率很高。反之，《文選》原典中詔、誥之類的文體，雖然也屬於科考科目，但文體的表現形式和內容皆與當朝政令相關。這一點從明代國學中的監生日常所習的課目可以看出。「入國學者通謂之監生……所習自四子本經外，兼及劉向說苑及律令書數、御製大誥。每月試經書義各一道，詔、誥、表、策、論、判內科二道。」

---

〔註28〕〔梁〕劉勰著，王利器校箋：《文心雕龍校證》，議對第二十四，「又對策者，應詔而陳政也。」，頁170。

〔註29〕〔梁〕劉勰著，王利器校箋：《文心雕龍校證》，議對第二十四：「對策……射策……，二名雖殊，即議之別體也。」，頁170。

〔註 30〕其中，學習「御製大誥」就是爲了詔、誥文體的應用寫作，學習「律令書數」是爲了「判」文體的寫作。即此而觀，明代國學教育體制的要求決定了詔、誥二文體在科考科目的準備和應考過程中，超離了文體概念的範疇，更多地表現爲政治概念。因此，《文選》原典中的相關篇目勢必不合時宜，爲各選本所棄。

第二，在論證了明代各《文選》選本的選錄標準都受到科考影響的前提下，需要進一步指出，明確表示編纂目的專爲科考的選本——主要是《文選拔萃》〔註 31〕和《文選芟》〔註 32〕——與非此類選本，在所選篇目和文體上呈現出的功利性程度是不同的。例如「符命」一體〔註 33〕，時代感和實用性都已經很弱了。《文選拔萃》和《文選芟》都將其刪除了。《文選尤》與《選文選》與之相反，前者保留了原典三篇中的首篇即司馬相如的《封禪文》，後者保留兩篇。又如對於誄、哀、碑文、墓誌、行狀、弔文、祭文一系列位於原典最後的哀祭文體，《文選拔萃》全刪，《文選芟》只留兩篇弔文。《文選尤》與《選文選》的入選率均爲一半，很是不低，差別明顯。再如「序」體中《毛詩序》、《尚書序》、《春秋左氏傳序》三篇，《文選尤》、《選文選》、《文選芟》三本都不存，《選文選》述其緣由爲「既已各見本經，不必入選文辭。」〔註 34〕獨獨《文選拔萃》予以保留（「序」體只錄四篇）。因爲這三篇序屬初場試「經義」科所需的五經內容，所以即使已經各見本經，還要保留以顯其重。由此可見《文選拔萃》應試性之強。總體來看，固然《文選尤》與《選文選》中與科考科目相關的文體的選目數量普遍高於不相關文體，但懸殊並不大，少有刪除文體的極端情況。《文選拔萃》和《文選芟》則大刀闊斧地進行刪除，前者只留了九個文體，後者刪了十三個文體。以上考察結果表明，在明代各《文選》選本中，《文選拔萃》爲純粹以應試爲目的的選

〔註 30〕〔清〕張廷玉撰：《明史・選舉志》，卷六十九志第四十五。
〔註 31〕〔明〕方弘靜：《文選拔萃・校刊敘》：「乃於《選》中復取其有資於舉業者，若書、序、表、論，合凡五十餘篇，輯爲一帙，以便初學之快捷方式。」
〔註 32〕〔明〕杜詩：《昭明文選芟・明遊士任注序》：「此通於制義者，聊代兒輩作活計耳。」
〔註 33〕〔梁〕劉勰著，王利器校箋：《文心雕龍校證》，封禪第二十一：「茲文爲用，蓋一代之典章也……雖復道極數殫，終然相襲……。」，頁 151。〔梁〕蕭統編、李善注《文選》：「《說文》曰：『冊，符命也。諸侯進受於王。』」卷三十五，頁 499。張廷玉《明史》中對「符命」已經基本沒有記述。
〔註 34〕〔明〕李淳：《新刻選文選・凡例》。

本，《文選芟》有此目的但功利性不如《文選拔萃》強烈，還有兩全之意，〔註35〕刪選文體與篇目時相對溫和。《文選尤》與《選文選》是較為傳統的選本，雖然不可避免地受到舉業要求的影響，但基本能夠做到不以是否服務於科考為存廢標準，盡量保持原典的精神與風貌。這些選本之間的差別表明，明代《文選》選本存在實用型和學術型（或稱傳統型、原典型）之分，分別對應和服務於應試教育和素質教育，就社會文化形態來說，就是大眾文化和精英文化。這一有意識的分工暗藏著對原典的尊重，因為分工的前提是明晰的界限和堅守。

第三，受科考影響的明代《文選》選本，面臨著一個民間文風與政令要求相左的文化矛盾。據《明史·選舉志》記載，明代舉業文風經歷了一個從樸素到華采、規矩到獵奇的過程。官方以文風左右士風的前車之鑒為出發點，反對華采、新異和博雜。無奈士風已成，且帶動民間文風求奇求新。〔註36〕民間與廟堂之間相異卻又不無滲透的文化要求及其文學表現，使得經典選本一類的出版物不得不在編選過程中予以重視。拿《選文選》來說，就在卷首凡例中明確表示反對蕭統以六朝富麗文風作為選取標準。並在刪選過程中努力肅清這類文章。〔註37〕《文選拔萃》亦言《文選》「追琢雕鏤，靡有競焉。」〔註38〕然而，《文選》原典畢竟是文學總集，其本身的文學性與科舉考試的功

---

〔註35〕　〔明〕杜詩：《昭明文選芟·明利瓦伊楨題辭》：「以資舉子業、古文辭兩家之用而已。」

〔註36〕　〔清〕張廷玉撰：《明史·選舉志》：「（正統年間）諸生應試之文通謂之舉業。四書義一道，二百字以上；經義一道，三百字以上；取書旨明晰而已，不尚華采也。其後標新領異益漓。厥初萬曆十五年，禮部言唐文初尚靡麗而士趨浮薄，宋文初尚鉤棘而人習險譎。國初舉業有用六經語者其後引左傳國語矣，又引史記漢書矣，史記窮而用六子，六子窮而用百家，甚至佛經道藏摘而用之，流弊安窮。弘治、正德、嘉靖初年，中式文字純正典雅宜選其尤者刊佈學宮。俾知趨向因取中式文字一百十餘篇，奏請刊佈以為準則。時方崇尚新奇，厭薄先民，矩矱以士子所好為趨，不遵上指也。啟、禎之間，文體益變以出入經史百氏為高，而恣軼者亦多矣。雖數申詭異險僻之禁，勢重難返，卒不能從論者。以明舉業文字比唐人之詩，國初比初唐，成、弘、正、嘉比盛唐，隆、萬比中唐，啟、禎比晚唐云。」卷六十九志第四十五。

〔註37〕　〔明〕李淳：《新刻選文選·凡例》：「大抵文至六朝，體尚排偶，故主富麗，為之選者乃欲藉是以軌前古作者，是使皇都帝宇無異驚嶺璿臺之規，而田婦村嫗盡為璐鳴步搖之飾也。豈可哉？」「晉梁勸進之箋，雖蕭梁之所榮，寔廓清之首事，今並削不錄。」

〔註38〕　〔明〕方弘靜：《文選拔萃·校刊敘》。

利性在本質上就是格格不入的。明代選本只是根據時代需要設置了新的標準與理念，爲其塗抹上應試的色彩，所以無論怎樣都不可能避免這一搜羅廣博的文集對應試者的感染力——華采、文體多變以及出入經史。至於這種文風爲「士子所好」並使民間文風爲之所趨，說明士子一方面是應試者，另一方面也是文學欣賞者。前者屬於社會行爲，後者側重於個人行爲。落實到求學實踐中，兩個角色必然有重合之處，於是在應試文中不可避免地表現出對文學因素的慣性青睞。應該說，這種現象是超越時代風尚而古今如一的。應試體制勢必包含束縛性情的因素，純文學卻發乎性情，也爲性情所親。這是個人情懷與社會要求之間，也是文學的審美性與功利性之間既有博弈又有交叉的問題。即此而觀，明代《文選》選本對原典以應試爲目的的改造，從根本上說都是一個悖論：爲應試又反應試。不僅於此，其它帶有服務制義色彩的前代文學經典的明代選本也難逃這一規律性的悖論。

## 三、與原典的互動

　　對於每一文體內部的篇目去取，明代《文選》諸選本表現出了對原典的尊重和皈依。首先以《文選尤》爲個案進行考察。「詔、辭、上書、設論、連珠，俱古今絕構，輒全錄之。」「冊、令、奏記、對問、箋、墓誌、行狀，選中每項止一首，皆精研奇古之筆，取之以備其體。」「教、策問、啓、彈事、檄、序、頌、贊、銘、符命、誄、哀文、碑文、弔文、祭文，原選既寡，今謬爲簡閱。每項所取，總計亦十之六。要之有裨於學者而已。」以上是《文選尤‧凡例》中的三條，都是關於文體及其篇目的選錄標準。第一條意爲質量爲上，善者不計其多。第二條意爲以稀爲貴，盡量求備。但前提還是質量——「皆精研奇古之筆」。第三條是對於稀有但質量稍遜之作的態度，爲有保留的選擇。可以看出《文選尤》在刪選過程中盡量保存原典的原貌，將保護稀有文體及篇目的資料性和精者不避多的擇優性相結合，努力在二者之間尋求平衡點，兼顧卻又不搞平均主義。這樣的選錄理念成就了中庸型選本的性格，〔註39〕即有個性卻不走極端。其它選本也體現出類似的性格。如《文選

〔註39〕〔明〕鄒思明：《文選尤‧朱國禎敍》：「文選其有所折衷矣。合觀於眾體，中有全收，有僅存其一，而精者定；析觀於各體，中有去其一二，有去其四五，而博者刪……。」《文選尤》十四卷，四庫全書存目叢書，集部286，根據明天啓二年刻三色套印本影印。本書所引《文選尤》皆據這一版本，以下恕不贅述。

芟》中的「表」體將薦表、讓表、謝表、勸進表、陳情表等不同內容的表文各選一篇，求其備矣之後，又重點收了任昉三篇，傾向自明。《選文選》也在凡例中明確表示爲求完備，刪汰的篇目不多，但同類文體中相形見弱之文多被刪除。〔註40〕由此可見。這些選本的編選者並沒有把選本完全看作是個人對原典的再創造，而是將其定位爲基於原典又回歸原典的重新整合。更深一步說，這一定位涉及到了經典改造的個人化與社會化的問題。長期流行的經典在大眾心理中已經形成慣性的認知。選本的傳統性順應了這一社會心理，說明選者重視選本的社會化，重視受眾的接受效果。這樣使得選本的中庸性又迎合了大眾文化的普及性。因此，這種定位最終賦予選本以傳統的皈依者和大眾文化的唱和者的角色。

　　明代《文選》諸選本的目錄多存在對原典目錄次序進行調整的情況，現列於下表予以說明：

| | 《文選》原典目錄的順序 | 選本目錄的順序 | 說　明 |
|---|---|---|---|
| 文選尤 | 「檄」體中兩篇司馬相如之文，首篇《喻巴蜀檄》，末篇《難蜀父老》。中間三篇他文。 | 將司馬相如二文並置爲首、次篇，其它篇什隨後。 | 同一文體內作者相同的篇目並置。 |
| | 《祭古冢文》（謝惠連）《祭屈原文》（顏延之） | 倒序 | 按照作者生年先後調整位序。 |
| | 《公讌詩》（曹植）《公讌詩》（王粲）《公讌詩》（劉楨） | 《公讌詩》（王粲）《公讌詩》（劉楨）《公讌詩》（曹植） | |
| 選文選 | 《七哀詩》（曹植）《七哀詩二首》（王粲） | 倒序 | |
| | 《答盧諶》（劉琨）《贈劉琨並書》（盧諶） | 倒序 | 按照邏輯習慣調整，應該先贈後答。 |
| 文選拔萃 | 《宦者傳論》（范曄）《逸民傳論》（范曄）《宋書謝靈運傳論》（沈約）《恩倖傳論》（沈約） | 《恩倖傳論》位置移至《宋書謝靈運傳論》之前。 | 群體傳論和個人傳論分置。這是此本爲數不多的篇目中唯一的一個倒序現象，值得關注。 |

[註40]　〔明〕李淳：《新刻選文選‧凡例》：「即如《籍田》、《秋興》、《歎逝》等賦，非不可誦。然以比於楊、馬諸作者，相失何啻緇銖，故茲編所選不欲多列耳。」

　　無論是依據時間先後，還是邏輯習慣，抑或是同類並置，調序原則都體現了明代《文選》選本在體例上的嚴密性。由此反觀清人對明人學術的評價，會發現其實明人著述時不是沒有嚴密體例的意識的，對原典編纂中的瑕疵也有一定的學術敏感性，並由此催生發現問題的動力和關注細節的學術激情，並不像清人說得那樣完全不拘小節、粗疏曠放。但也應該看到，明人對《文選》的這種修正較之清人選學的校勘、考據、訂誤一類細緻深入的系統性研究來說，只能算是淺嘗輒止，很難立身學術殿堂。綜上所述，明代《文選》選本目錄中的「倒序」問題為「明人編書之學風」這個在清人眼中已成定論的傳統學案提供了一點新的思考——雖然能力和效果有限，但意識本身畢竟是學術自覺性的表現。

　　明代《文選》選本在題材及其所屬篇目的刪選方面呈現出本朝特有的色彩。主要體現在時代格局和審美傾向上。以「賦」類為例，《文選芟》保留的篇目集中在遊覽、物色、鳥獸、哀傷四個題材中，郊祀、耕藉、畋獵、紀行、宮殿、江海這些格局闊大、場面恢宏、弘揚崇高美的題材全部刪除。京都題材只存班固《兩都賦二首》，還有源頭之作不得不選之意。「志」類題材四中選一，保留的是潘岳的《閑居賦》，乃個人的抒情小賦，在思接千古、上追屈騷的氣勢上遠遜於班固《幽通賦》和張衡《思玄賦》。《文選尤》也多見類似的情況，同樣以「賦」類舉例，格局大的題材所刪篇數遠大於格局小的題材。如「京都」題材也像《文選芟》8 篇只保留了 1 篇。此外，「江海」題材也是全刪。就是在同一題材內部也多保留小格局的篇目，再舉「志」類題材為例，同樣是保留抒情小賦，而刪除《幽通》、《思玄》二賦。這樣的刪存標準說明明代文人的審美心理傾向於小格局的文學表述，缺乏恢宏之氣和昂揚的鬥志，浸淫於花鳥蟲魚、亭臺樓閣的個人空間和纏綿悱惻、自憐自艾的個人情懷中。相形之下，不必說漢唐的帝王之氣與文人渴望建功立業的風神，就連偏安一隅的南宋尚且還有陸游、文天祥一脈怒髮衝冠、心向沙場之作。明代固然也是內憂外患、積弊重重，但文官體制和科舉制度的極度成熟〔註41〕使得文人視野收攏並集中。同時，城市經濟的繁榮和消費文化的盛行也使得文人情懷的寄託途徑多元化。這些因素都導致明人生活格局小，審美心理傾向纖秀精細，這在明代的園林、傢具、服飾、工藝設計方面都有表現。另一方面，這些被刪除題材和篇目中的活動場景、人生追求與明人生活相去甚遠，

---

〔註41〕黃仁宇：《萬曆十五年》，北京：中華書局，2006 年版（增訂紀念本），頁 68。

保留下來的遊覽、物色、鳥獸、哀傷之類文章還能用於抒情狀物之類日常情趣寫作的借鑒和學習。這體現了選本的實用性，保留篇目爲了科舉考試，科考不考的就迎合日常生活的需要。即此而觀，明代《文選》選本以自身的時代格局與審美傾向重塑著原典。

　　明代《文選》選本在刪選過程中具有文學史發展的眼光。具體表現有二：一是在同類題材中選取最有代表性的篇目，一般是源頭之作，其它步武后塵卻也各具特色、甚至不乏名篇的作品多被刪除。《文選尤》賦類的「京都」題材只留班固《兩都賦》，「紀行」題材只留班彪《北徵賦》。《文選芟》的賦類「京都」題材也是只保留班賦，「碑文」類只存一篇《頭陁寺碑文》〔註42〕。這樣的情況諸選本很多。這些保留篇目在原典中都屬於同類文章裏寫作時間較早、文體意義較重要、對後世創作影響較大的。由此可見，選者的著眼點是「類」而不是「篇」，「類」的眼光就是綜合的眼光，然後在對比中鑒別。同時，選者的源頭崇拜意識很強烈，高度重視此類作品對後世文學創作的籠罩和輻射作用。二是一些保留篇目雖然不是源頭之作，但藝術手法、描寫內容能夠涵蓋他文，尤其是能夠表達此類文體或題材在文學史不同階段上的意義。《選文選》在選例中就強調過此意。〔註43〕《長笛》、《洞簫》不敵《琴賦》的問題，是因爲《琴賦》的內容包括生長環境、製作過程、體勢風聲、演奏效果以及不同場合下的藝術感染力的系統介紹，可以涵蓋賦類「音樂」題材的其它作品。再如《文選尤》從「史論」文體九篇中選三篇，《晉紀總論》、《皇后紀論》、《宋書·謝靈運傳論》，總論、人物群體論、個人傳論各留一篇。此外，《文選芟》頌體只選《聖主得賢臣頌》和《酒德頌》，由廟堂之文到述志小品，凸顯文體自身發展變化的軌迹。表體中三國六表皆選，晉後表文少選。從不同時段選篇數量的變化可見，選者看出了這一文體從三國到晉後的風格變化是由樸素到藻飾，傾向自明。選本是否具有文學史眼光至關重要，因爲這樣可以避免零散、任意、爲擇優而擇優的選篇，而上昇到系統化選擇的高度。從文體著眼，保留文體發展中具有階段性標識的篇目，能夠清晰文體本

〔註42〕原典「碑文」五篇只留此一篇。其它四篇都是爲私人撰寫的墓碑文，只此一篇是宮室廟宇碑文。在「碑文」文體的發展過程中，這一篇在文體意義上具有更強的源頭感和廟堂感。

〔註43〕〔明〕李淳：《新刻選文選·凡例》：「惟是《南都》見軋於《二京》，《景福》謝奇於《文考》，《典引》效《美新》之顰，《辯亡》拾《過秦》之唾，寧無擇乎？《長笛》、《洞簫》雖奧博不凡，律以《琴賦》，猶愧神光，固不得並收也。」

身變化的路徑。從選本與原典之間的關係來看，突出的是動態的文學史映像。《文選》本身既是文學總集又是選本，這就決定了選篇的邏輯體系既有面上的搜羅，又有序化的史學選擇。而明代的選本們面對的是既成的原典而非浩如煙海的原始材料，就只能更多地保持序化的延展性態勢，並以此爲前提對原典進行調整了。

## 第二節　明代《文選》選本的選詩情況

明代《文選》的詩類選本存在兩種情況：一種就是以《文選》原典所有詩歌體裁的篇目〔註 44〕爲選擇對象，以自家的編選理念和去取標準進行刪選的詩歌選本。〔註 45〕另一種則是《文選》原典的詩歌的單行本，也就是未加選擇的詩歌結集。〔註 46〕因爲後者只是名稱上的選本，並無實際的刪選行爲，所以本節的研究對象主要集中在前者。因爲詩歌數量較多又比較零碎，爲方便對照和論述，特列表格從時代、作者、題材三個角度統計明代《文選》各選本對《文選》原典詩作的保留情況，並結合具體篇目進行具體分析，研究各選本的去取標準和編選理念。

表一：明代《文選》各選本對《文選》原典中各個時代詩作的保留情況

|  | 《選詩補注》 | 《文選尤》 | 《選文選》 | 《鼎雕評釋》 | 《文選》原典 |
|---|---|---|---|---|---|
| 漢詩 | 30 | 33 | 全存 | 全存 | 34 |
| 魏詩 | 45 | 47 | 77 | 62 | 79 |
| 晉詩 | 64 | 88 | 102 | 138 | 150 |
| 宋詩 | 51 | 38 | 76 | 77 | 97 |
| 齊詩 | 16 | 23 | 58 | 75 | 77 |

〔註44〕關於《文選》中的「騷」體篇目是屬於詩歌類還是文類的問題，我們還是根據明代眾選本的習慣來辦。這些選本都不約而同地將「騷」體劃歸文類，具體表現爲詩歌選本不收而文章選本收錄。所以本節不將騷體作爲研究對象。

〔註45〕此類選本構成本書的研究對象。包括元明間劉履編：《選詩補注》八卷、鄒思明刪訂：《文選尤》十四卷、李淳刪定批點：《新刻選文選》二十四卷、李叔元刪定、鄭維岳增補、李光縉評釋：《鼎雕評釋》八卷。

〔註46〕此類單行本包括郭正域批點、凌濛初輯評：《選詩》七卷、馮維訥：《選詩約注》八卷、劉大文輯：《選詩》三卷、虞九章訂注：《文選詩集》七卷、許宗魯輯：《選詩》三卷、楊慎輯：《選詩》三卷。

表二：明代《文選》各選本對《文選》原典中重要詩人詩作的保留情況

| | 《選詩補注》 | 《文選尤》 | 《選文選》 | 《鼎雕評釋》 | 《文選》原典 |
|---|---|---|---|---|---|
| 曹植 | 19 | 16 | 24 | 19 | 25 |
| 王粲 | 4 | 4 | 全存 | 10 | 13 |
| 劉楨 | 4 | 5 | 全存 | 1 | 9 |
| 張華 | 5 | 3 | 全存 | 4 | 6 |
| 陸機 | 13 | 32 | 27 | 47 | 52 |
| 左思 | 10 | 全存 | 全存 | 全存 | 11 |
| 潘岳 | 1 | 4 | 7 | 6 | 10 |
| 陶潛 | 7 | 7 | 7 | 全存 | 8 |
| 謝靈運 | 24 | 11 | 29 | 26 | 40 |
| 顏延年 | 8 | 9 | 18 | 17 | 21 |
| 鮑照 | 11 | 4 | 15 | 全存 | 18 |
| 謝朓 | 9 | 10 | 20 | 全存 | 21 |
| 沈約 | 4 | 9 | 9 | 12 | 13 |
| 江淹 | 3 | 2 | 16 | 31 | 32 |

表三：明代《文選》各選本對《文選》原典中各個題材詩作的保留情況

| | 《選詩補注》 | 《文選尤》 | 《選文選》 | 《鼎雕評釋》 | 《文選》原典 |
|---|---|---|---|---|---|
| 補亡 | ＼ | ＼ | 全存 | 全存 | 6 |
| 述德 | 全存 | ＼ | 全存 | 全存 | 2 |
| 勸勵 | 1 | ＼ | 全存 | 全存 | 2 |
| 獻詩 | ＼ | ＼ | 全存 | 全存 | 4 |
| 公燕 | 3 | 7 | 11 | 13 | 14 |
| 祖餞 | 5 | 2 | 全存 | 6 | 8 |
| 詠史 | 19 | 14 | 20 | 全存 | 21 |
| 佰一 | ＼ | 全存 | 全存 | 全存 | 1 |
| 遊仙 | ＼ | 7 | 全存 | 全存 | 8 |
| 招隱 | 全存 | 全存 | 全存 | 全存 | 3 |
| 反招隱 | ＼ | 全存 | 全存 | 全存 | 1 |
| 遊覽 | 10 | 8 | 22 | 10 | 23 |
| 詠懷 | 13 | 18 | 18 | 全存 | 19 |

|  | 《選詩補注》 | 《文選尤》 | 《選文選》 | 《鼎雕評釋》 | 《文選》原典 |
|---|---|---|---|---|---|
| 哀傷 | 5 | 9 | 全存 | 全存 | 13 |
| 贈答 | 31 | 24 | 60 | 47 | 72 |
| 行旅 | 14 | 8 | 26 | 25 | 35 |
| 軍戎 | ＼ | ＼ | 全存 | 全存 | 5 |
| 郊廟 | ＼ | ＼ | 全存 | 全存 | 2 |
| 樂府 | 20 | 25 | 37 | 全存 | 41 |
| 輓歌 | 2 | 1 | 全存 | 全存 | 5 |
| 雜歌 | 1 | ＼ | 全存 | 全存 | 4 |
| 雜詩 | 65 | 74 | 76 | 全存 | 91 |
| 雜擬 | 11 | 15 | 23 | 全存 | 63 |

## 一、復古傾向

　　表一明示，漢詩幾乎全部得以保存，魏、晉、宋、齊詩作都受到不同程度的刪削。究其原因，一是源於各選本既定的文學觀念。《選詩補注》明言詩歌以三百篇爲頂峰，漢詩尚存餘韻，其後代降。〔註47〕《選文選》也有「代降」之意，但將制高點定爲古樂府、蘇李詩和十九首。〔註48〕二是明代文壇的復古思潮對選者的影響。從弘治、正德年間到嘉靖、隆慶年間，前後七子前呼後應地提倡「文必秦漢。詩必盛唐」。這一口號本於宋代嚴羽《滄浪詩話》，要求各種體裁都要取法乎上，取法乎根源。〔註49〕因此「詩必盛唐」只是籠統言之。具體說來，他們提倡四言學《詩經》、古詩學漢魏、近體學盛唐。前後七子影響明代中後期詩壇達百年之久，《文選尤》、《選文選》、《鼎雕評釋文選》皆出自其間，編選理念理應受其影響。

〔註47〕　〔元明〕劉履編：《選詩補注·元謝肅序》：「漢魏諸作猶存三百篇流風餘韻，及晉而跋涉玄虛，及宋而耽樂山水，及齊梁而崇尚綺靡，流連光景……於此可以觀世道之降，而大雅君子木嘗不爲之痛惜而深悲也。」劉履：《風雅翼》（《選詩補注》八卷，續編四卷，補遺二卷），北京大學圖書館館藏明養吾堂刻本。本書所引此書皆據這一版本，以下恕不贅述。

〔註48〕　〔明〕李淳：《新刻選文選·凡例》：「選詩如古樂府、蘇李唱酬、古詩十九首，下逮曹氏鄴中諸子之作，絕唱高蹤，殆難嗣響，悉仍舊編，其餘句有淺率、辭有繁蕪、旨有暗汶者，竊亦什去二三。」

〔註49〕　〔南宋〕嚴羽著、郭紹虞校釋：《滄浪詩話校釋》：「爲詩者以識爲主，入門須正，立志須高。」「從最上乘，具正法眼，悟第一義。」「詩辨」一、四，北京：人民文學出版社，1983年版，頁1、11。

在此基礎上，來看明代《文選》選本對《文選》原典中四言詩的態度問題。《文選尤》明確表示「四言詩則以三百篇為宗，似不必收。」〔註 50〕認定《詩經》四言盛極難繼，後人擬作無甚意義，所以刪得徹底，連嵇康《贈秀才入軍五首》這樣膾炙人口的名作都沒留下，固然是體例嚴謹，卻實在可惜。《選文選》在凡例中也說「簡言選章先宜辨體……《華林園》諸詩非四言詩體，諸如此類亦復不少，今昔釐正。大抵文至六朝，體尚排偶，故主富麗，為之選者乃欲藉是以軌前古作者……」〔註51〕四言的源頭和標準就是《詩經》，觀其後文，意思似嫌華林園諸詩排偶、富麗，遠非《詩經》四言體模素自然，所以刪除。《選詩補注》雖未明說，但《文選》中 38 首四言詩只收錄五首，包括曹植《朔風詩》、曹丕《善哉行》和嵇康《贈秀才入軍五首》中的三首，留存比例很小。綜上所述，明代《文選》選本對《文選》原典中四言詩體不感興趣，以《詩經》為標準加以否定，歸根結底還是復古傾向的作用。

面對復古傾向，各選本的具體表現在各自編選理念的影響下，還是各有特色的。《選詩補注》遵循時代越晚刪得越多之標準，呼應謝肅序中「世道之降」之說。《文選尤》刪詩除卻漢詩地位不可動搖之外，其它各代的刪數沒有太大的差別，屬於中庸型選本，正合此本在選目、刪注、評點諸多方面一貫遵循的「折衷」思想。〔註 52〕但宋、齊二朝的入選率還是偏低，可見也有謝肅之意。《選文選》中魏詩基本全部保留，因為凡例將魏詩尤其是鄴下諸子之作也作為制高點中的一部分。但「雜擬」類中摹擬古詩十九首的詩作，包括劉休玄的《擬古詩二首》、陸機的《擬古詩十二首》都被刪除，說明在選者心中後世擬作皆為狗尾續貂，無出十九首之右。《鼎雕評釋》在四個選本中刪詩總數最低，但魏詩刪除率很高，初看似乎選者反感魏詩，事實上另有原因。聯繫表二，魏詩共刪 17 首，皆為曹植、劉楨、王粲三人詩作，值得注意的是，這些刪詩全部屬於「贈答」題材。聯繫表三，「贈答」題材的刪數明顯高於其它存在刪詩現象的四個題材。此本在序言中明言反對《文選》原典「重出疊

---

〔註50〕〔明〕鄒思明：《文選尤・凡例》。

〔註51〕〔明〕李淳：《新刻選文選・凡例》。

〔註52〕〔明〕鄒思明：《文選尤・朱國禎敍》：「文選其有所折衷矣。合觀於眾體，中有全收，有僅存其一，而精者定；析觀於各體，中有去其一二，有去其四五，而博者刪，注有蕪而障目者削，當而愜心者筆，其修之也確；批評則酌人己之見，丹鉛互加，務以中機而闡奧，其贊之也玄。」

見之弊」〔註53〕，「贈答」題材多朋友唱酬，內容無外乎思友、述志、勸勉之類，容易重複，所以首當其衝被當作弊端大爲刪削。具體到曹、劉、王三人被刪的贈答類詩作，經過考察，可以發現在主題表現上並沒有超出被保留的其它題材詩作，確有重疊之意。此本中謝靈運一人被刪 14 首，且基本上集中在「遊覽」和「行旅」題材，也是基於這一考慮，畢竟湖光山色、遣懷抒鬱也容易千篇一律。由此可以發掘出選本刪選的一條規律：因爲編選理念及其相關體例的制約，選者對某類題材或者文體的好惡往往可能被「轉嫁」到對相關作者或其它元素的好惡上，如果不全面、深入地對選本進行考察，很可能會被表面現象蒙蔽，以致做出錯誤的判斷。這樣的例子在其它選本中也不少見，如江淹共 32 首詩，在《文選尤》中只留 2 首。這是因爲江詩在《文選》原典中只有雜擬組詩《雜體詩三十首》和另外兩首。聯繫表三，《文選尤》「雜擬」類留存率很低，說明選者對此題材不感興趣，偏巧江淹詩作集中在這一題材，所以幾乎全刪。

## 二、重視思想內容

　　明代《文選》各選本推崇《詩經》及漢魏之作，主要是因爲這些詩歌有著充實的思想內容和眞情實感。這一標準自始至終貫穿於各選本對《文選》原典詩作的刪取過程中。

　　聯繫表三，可以看出刪除率普遍較高的題材包括雜擬、贈答、遊覽、行旅等，留存率較高的題材包括雜詩、詠史、詠懷等。「雜擬」皆爲擬作，即使是名家手筆，一爲擬作，便易落窠臼，思想感情及其表達皆受前作的影響制約，終不敵原創。這裡還要提一下明代文壇的風氣。七子重視學古，卻走向極端，發展成摹擬乃至剽竊。如李夢陽主張要像書法臨帖一樣模仿，〔註 54〕李攀龍的擬樂府詩只改動古詩中的幾個字，創作中雷同現象嚴重，深爲詬病。在這個大背景下不難理解明代的《文選》選者對「雜擬」題材的態度。《鼎雕評釋》序言就反對「重出疊見之弊」，前述贈答、遊覽、行旅題材詩作的集中刪減即爲顯例。

---

〔註53〕　〔明〕李叔元刪定、鄭維岳增補、李光縉評釋：《鼎雕增補評釋昭明文選·李光縉序》，無錫圖書館館藏明刻本。

〔註54〕　〔明〕李夢陽撰：《空同集·再與何氏書》：「夫文與字一也。今人摸臨古帖，即太似不嫌，反曰『能書』。何獨至於文而欲自立一門戶耶？」卷六十二，上海：上海古籍出版社，1991 年版（根據《文淵閣四庫全書》影印），頁 568。

「雜詩」由於表現內容沒有題材的限定，更容易自然地抒發情懷，形式也很自由，雷同的可能很小，所以留存率高。此外，詠史、詠懷題材多就具體歷史、社會現象發表見解，能夠接觸到社會現實，有切實的思想內容，雖然在《文選》原典中數量不多，但基本上被各選本保留。考察這些題材中的被刪篇目，都是缺乏真情實感製作。如《選文選》「雜詩」類刪 15 首，其中曹攄《思友人詩》、何劭《雜詩》玄言味濃；陸機《園葵詩》有道學氣；謝惠連《七月七日夜詠牛女》和沈約諸詩藻飾太重。《文選尤》和《選文選》也不約而同地刪除了曹詩與謝詩。由重視思想內容生發出反藻飾、反玄言進而對六朝文風評價不高，這在各選本的序言和凡例中多有提及。《文選》原典的編纂理念是思想與藝術並重的，〔註 55〕各選本重視思想內容是繼承或者說是順應原典的，但站在否定六朝文風的角度上進行繼承，等於將原典也作爲其中的一部分，不能說是沒有批判性的。即此而觀，各選本共同推崇《詩經》不無另立一宗之意。雖然蕭統在《文選序》中也極力推崇《詩經》，〔註 56〕但其選目越到近代數量越大，與《詩經》相去甚遠。既然原典有需要批判之處，又不能從其內部進行攻克，就以比它更源頭、地位更高的《詩經》作爲旗幟，去清理《文選》中的六朝之風。這樣，明代《文選》各選本就不只是原典的附屬品，而是具有批判意味的再創造。

重視思想內容當然也有時代因素，除卻前面論及「雜擬」題材時順便談及的七子模擬之風外，明代文壇上前後七子一直致力於肅清空洞無物的文風，包括粉飾太平的臺閣體和高談性理的道學體。這種時代因素的影響力還體現在時代興趣對表現內容的選擇上。結合表三，同樣是「遊仙」題材，《選詩補注》全刪，其它三本基本全選。這是因爲《選詩補注》成書於元末，其它三本成書於明代中晚期。明人好奇，亦好神仙。〔註 57〕所以對遊仙內容感興趣。另外，諸選本中四言詩體留存率低的現象，除去前論作出的解釋之外，四言詩體充斥的題材基本上是獻詩、郊廟等距離明代生活較遠，時代感不強

---

〔註 55〕 〔梁〕蕭統：《文選・序》：「事出於沉思，義歸乎翰藻。」，北京：中華書局，1977 年版，頁 2。

〔註 56〕 〔梁〕蕭統：《文選・序》：「詩者，蓋志之所之也，情動於中而形於言。《關雎》、《麟趾》，正始之道著：《桑間》、《濮上》亡國之音表。故風雅之道，粲然可觀。」，頁 1。

〔註 57〕 〔明〕于慎行：《谷山筆塵・卷八》，《谷山筆塵》十八卷，四庫全書存目叢書，子部第 87 冊，明萬曆間於緯刻本，頁 539。

的題材，也是刪詩的一個原因。由此可見時代的力量，可以決定文學選本重
視內容，也可以決定重視什麼內容。

## 三、恪守傳統評價

　　明代《文選》選本在刪選原典詩人詩作時，對前代有影響力的理論著作
的品評很是重視，並大都採取認同的態度，將其落實到編選過程中去。

　　先以陸機爲例，劉勰《文心雕龍·熔裁》指其文繁之病，〔註58〕《晉書》
亦言其「辭藻宏麗」，〔註59〕後世文評遂長期將陸機及其詩作當成藻盛的代
表。《鼎雕評釋》中陸詩刪5首，皆爲應景酬答之作。或仿頌體，語句乾澀（《答
賈長淵》）；或爲歌功頌德，無甚眞意（《贈顧交址公眞》）。言之少物，自然更
顯藻飾文繁。按作者來看，《鼎雕評釋》中刪目最高的前幾位是謝靈運、曹植、
陸機、顏延年。除去曹詩因選者不喜贈答題材而刪目走高，其它三位都有藻
飾之名，謝、顏二人更是南朝綺靡文風的代表人物。〔註60〕當然，陸機蔚爲
大家，不乏優秀篇章。在《選文選》中，陸詩留存比例最高的是樂府詩，也
就是說，《文選》原典中的陸詩篇目集中地保留在「樂府」題材中。這是因爲
他的樂府詩距離他爲後人詬病的「藻飾」風格最遠，同時也最接近此本認定
的制高點「古樂府、蘇李唱酬、古詩十九首。」〔註61〕清人劉熙載《藝概·
詩概》就對此評價很高：「士衡樂府，金石之音，風雲之氣，能令讀者驚心動
魄。雖子建諸樂府，且不得專美於前，他何論焉。」〔註62〕《選詩補注》也
保留了陸機不少樂府詩。擬古詩也是陸詩備受推崇的部分，鍾嶸《詩品》就
將其列爲五言之英：「士衡擬古……斯皆五言之警策者也，所以謂篇章之珠

---

〔註58〕　〔梁〕劉勰著，王利器校箋：《文心雕龍校證》，熔裁第三十二，「至如士衡才
　　　　優，而綴辭尤繁；士龍思劣，而雅好清省。及雲之論機，亟恨其多，而稱清
　　　　新相接，不以爲病，蓋崇友于耳。」陸雲以爲陸機文繁而不以爲病，乃兄弟
　　　　情義使然，頁210。
〔註59〕　〔唐〕房玄齡：《晉書·陸機傳》，卷五十四列傳第二十四，《晉書》，中華書
　　　　局點校本，1974年版。
〔註60〕　〔梁〕鍾嶸著、曹旭集注：《詩品集注》：「謝靈運才高詞盛，富豔難蹤……顏
　　　　以繁蕪爲累。」「顏詩如錯彩鏤金」。」，上海：上海古籍出版社，1994年版，
　　　　頁160、270。本書所引《詩品》皆據這一版本，以下恕不贅述。
〔註61〕　〔明〕李淳：《新刻選文選·凡例》。
〔註62〕　〔清〕劉熙載：《藝概·詩概》，上海：上海古籍出版社，1978年版，頁53。

澤，文採之鄧林。」〔註63〕清人王夫之也將其推爲獨構。〔註64〕《文選尤》中陸詩的留存部分也集中在《擬古十二首》和《樂府十七首》。

基於對前代經典理論著作品評的認同和重視，各選本大都形成對詩人主導風格的認定，並貫徹到刪選過程中去。以《選文選》刪鮑照詩爲例，鮑詩最擅長的表現內容就是邊戍從軍的場景和抱負難酬的憤慨。《南齊書・文學傳論》言其詩「驚挺」、「險急」〔註65〕，《詩品》歎其「才秀人微，故取湮當代」〔註66〕都說明了這一點。《選文選》所刪三首鮑照詩爲《玩月城西門廨中》、《學劉公幹體》、《代君有所思》，皆有清婉閨秀之氣，都不屬於其主導風格。再來看《文選尤》，潘岳10首只留《悼亡詩三首》和《金谷集作詩》。其它關注時事民生之作如《河陽縣作二首》、《在懷縣作二首》、《關中詩》皆不存。潘氏悼亡詩久負盛名，《文心雕龍・才略》就曾特別指出。〔註67〕說明選者將潘詩擅長的風格定位在情景交融、婉轉柔美上，而非敘事論政、描述現實。這一定位應該受到了前賢多言潘詩「淺」、「輕」的影響，〔註68〕所以只選懷念送別之作，關乎時政民生的深廣之作非其主導風格，索性不存。《鼎雕評釋》本也對潘詩採取了同樣的刪法。再如沈約詩，《文選尤》刪《宿東園》、《遊沈道士館》，《鼎雕評釋》刪《鍾山詩應西陽王教》，都是求仙論道、懷古論今之作。沈詩留存率較高，獨刪這幾首，很有可能受到鍾嶸《詩品》評價的影響：「不閑於經綸，而長於清怨。」〔註69〕故清怨華麗之作都保留下來。應該說，

---

〔註63〕〔梁〕鍾嶸著、曹旭集注：《詩品集注》，詩品下，頁347。

〔註64〕〔清〕王夫之：《船山遺書・古詩評選》：「平原擬古，步趨如一，然當其一致順成，便爾獨舒高調。一致則淨，淨則文，不問創守，皆成獨構也。」集部卷四，五言古詩一，「擬明月何皎皎」之評，民國二十二年（1933年）十二月上海太平洋書店重校刊本。

〔註65〕〔梁〕蕭子顯著：《南齊書》，卷五十二列傳第三十三文學，開明書店鑄版：《二十五史》本，上海：開明書店，民國二十三年版，頁85（1749年）。

〔註66〕〔梁〕鍾嶸著、曹旭集注：《詩品集注》，詩品中，頁290。

〔註67〕〔梁〕劉勰著，王利器校箋：《文心雕龍校證》，才略第四十七：「（潘岳）鍾美於《西征》，賈餘於哀誄。」，頁283。

〔註68〕〔梁〕鍾嶸著、曹旭集注：《詩品集注》：「歎其翩翩奕奕如翔禽之有羽毛，衣被之有綃縠，猶淺於陸機。」詩品上，頁140。〔梁〕劉勰著，王利器校箋：《文心雕龍校證》，體性第二十七，「安仁輕敏，故鋒發而韻流。」〔南朝宋〕劉義慶撰：《世說新語》：「孫興公云，潘文淺而淨，陸文深而蕪。」卷上之下文學第四，叢書集成新編（八三），臺灣：新文豐出版公司印行，1985年版，頁236。

〔註69〕〔梁〕鍾嶸著、曹旭集注：《詩品集注》，詩品中，頁321。

選本留取某一詩人擅長的、最爲社會評價所認可的風格即主導風格，說明著眼點不是在「全」，而是在「優」。雖然說，四平八穩、面面俱到是一種圓滿，但不利於個性的凸現，以及選本的再創造功能的實現。至於尊重傳統評價的態度，一方面表示明人雖有「好奇」之名，但不乏定力，奇中有守，恪守原典時代的傳統觀點。另一方面，也說明明代《文選》選木並沒有以選本爲旗幟，形成自己的文學觀念和理論體系。

## 四、體例問題

明代《文選》選本的選詩部分在體例方面有一些思考頗具價值。主要有以下幾點。

第一，目錄排序。明代《文選》詩類選本的目錄有兩種排序方法，一種遵循《文選》原典目錄的順序不變，另一種則變化爲以時代先後爲次、時代統領詩人、詩人統領作品的目次。這類本子主要包括劉履《選詩補注》八卷、馮維訥《選詩約注》八卷、劉大文輯《選詩》三卷、許宗魯輯《選詩》三卷、楊愼輯《選詩》三卷等。這些編者不滿《文選》原典以類分詩。理由主要有二：一是詩歌的風格是隨時代的發展而改變的，如果描述某時某事的詩作硬要以類分開就生硬了。二是同一作者的詩作沒有必要分離於各類。第三，詩歌與文章是兩種體裁，文類可以以文體分類，詩歌不適合這樣。〔註70〕應該說，這種說法還是有道理的。蕭統以文體爲線確實更適合文體多樣的文類，而詩歌本身就是個獨立的體裁，內部難以像文類那樣再做文體劃分，只能轉爲題材劃分。這樣一來勢必減弱時代背景、作者風格這些主線的影響力。而詩歌自身短小、零碎、情感實時性強的體裁特徵又決定了它較之題材來說，與時代、作者等因素的關係更密切。因此對詩歌來說，這類本子的排序方法較之《文選》原典更科學，更能順應並凸顯其詩歌的體裁特徵。但是，《文選》

〔註70〕〔明〕劉大文校輯、顧大猷補：《選詩‧選詩補序》：「選詩舊無善本，昭明太子以文體不同，各以類分。文誠有之，詩不其然，何者？十五國風美刺並陳，未嘗分類，隨地而區別可以觀風，以年代相次可以觀世。若一時一事作者自殊，安得比類而合之？此選詩之當更定一也。」《選詩》三卷，補一卷，北京大學圖書館館藏明萬曆二十八年刻本。本書所引劉大文校輯、顧大猷補：《選詩》皆據這一版本，以下恕不贅述。〔明〕楊愼：《選詩‧劉士元序》：「風沿世降而統以類分，似未也，予觀其詩，以人爲紀，以言爲序，而歧之以時代之故焉。」《選詩》三卷，附《外編》三卷，《拾遺》二卷，北京大學圖書館館藏明嘉靖十一年卜大有刻本。本書所引楊愼：《選詩》皆據這一版本，以下恕不贅述。

以題材對詩歌進行分類的做法還是有客觀原因的。這類本子畢竟都是詩歌的單行本，可以完全以詩歌爲考慮對象進行分類。《文選》原典是詩文總集，分類方法要兼顧二者。蕭統對此也不是沒有注意到，他在《文選序》的末尾就提到：「凡次文之體，各以類聚。詩賦體既不一，又以類分；類分之中，各以時代相次。」對詩與文的區別還是有認識的，只是其「時代相次」從屬於「類分」的方式不能切實解決詩歌在分類上的不同要求。總之，這類選本能夠注意到《文選》目錄的分類方式這個問題並能做出更好的修改，說明編選者在編纂體例上有一定的學術敏感和優化意識，因爲對體例的重視就是對詩文集的序化和規範化的重視，本身就意味著對學術軌範的關注和尊重。

　　第二、文體問題。因爲詩的文體變化遠不如文，所以明代《文選》選本的選詩部分對文體方面的關注力度不能和選文部分相比，但也有一些有價值的思考。例如《鼎雕評釋》將郊廟、樂府、輓歌、雜歌四類詩歌合併爲「歌類」，雜詩、雜擬兩類合併成「雜類」。先來看前者，郊廟、樂府、輓歌、雜歌都是可入樂的詩。將其合併歸類，客觀上起到了以「是否入樂」爲標準實現與其它詩作的區分。這種劃分方法的理念近似於《文心雕龍》將詩分爲「詩」與「樂府」兩類，《文苑英華》分列「詩」與「歌行」兩類，同源共宗於「詩言志、歌永言」的文學起源階段的原始認知。《鼎雕評釋》雖然未在「歌類」之外又歸納出一個「詩類」，但可入樂之詩的集合客觀上形成了與不入樂之詩的陣營對峙。至於將雜詩、雜擬兩類合併成「雜類」，這種對名稱有相似點、性質並不衝突的類別進行合併，與上一節選文情況的文體分析結果一致，還是簡化文體分類的思維。

　　第三，組詩刪法。對於某一位詩人的組詩，如左思《詠史八首》、顏延年《五君詠五首》、陸機《樂府十七首》之類，《選文選》和《鼎雕評釋》往往刪一部分，留一部分，《文選尤》卻全刪或全留。這是兩種不同風格的刪法。首先，組詩往往包含作品數量較多，從選詩的題材、作者各方面考慮，從中再次篩選有利於平衡數量。較之有刪有存的四平八穩來說，《文選尤》的全盤端或者全盤下更有個性。其次，《選文選》和《鼎雕評釋》的做法更微觀地觸摸到了作品的內在元素，「選」的意味更重，著眼點更精細。《文選尤》無疑更粗放，畢竟組詩裏大多不可能首首都好。但是也應該看到，既爲組詩，就有整體性，內部之間會有一定聯繫和由此產生的意義。從這個角度來看，《文選尤》的眼光更宏觀，力圖在擇優的同時保持原貌。

　　梳理《文選》研究史可以發現，《文選》選本這一研究形式集中出現在明代。究其原因，選本作爲後人對原典的解讀方式，其性質從根本上說，無外乎三點：刪繁就簡的大眾讀本、迎合世風與時政的功利性出版物、個人化的原典再創造，所以更多表現出指南性、實用性、主觀性。選本自身的這種傾向注定與清代選學重考據、實證、小學的學風格格不入，所以在清代少有人問津。而在明前，宋元時代對《文選》的解讀又大多以詩話形式散見於各家詩文集之中，並未形成系統性的讀本並系統性地表達相應的文學觀念。所以說，歸根結底，明代選學中選本的盛行是時代選擇的結果。

# 第三章　明代《文選》廣續本

　　明代《文選》廣續本是在《昭明文選》的基礎上進行增廣續收的本子。主要包括劉節《廣文選》、周應治《廣廣文選》、胡震亨《續文選》、湯紹祖《續文選》、《文選增定》。這些本子或在《昭明文選》既有的收錄時段——上自先秦，下至梁代普通元年——中增收，或在其延長時段中續收。尊崇原典的同時也依據各自的編纂理念對原典進行補充和完善，在不少原典就很重視的問題上——如文體問題——做出自己的思考和變革。

## 第一節　明代《文選》廣續本與《文選》原典的互動

### 一、廣續本的編纂理念

　　《文選》去取別裁，自有深意。後世廣續著作總有盛極難繼之懼。四庫館臣也深知其中苦衷：「徐陵與統同時，所撰《玉臺新詠》頗採《文選》所遺，劉克莊已有皆統棄餘之誚。則操筆繼作何可易言？」〔註1〕所以，明代《文選》廣續本都對增廣續收的必要性和價值做了明確的論述。其理由有二：

　　第一，從文獻搜集和保護的角度論證廣續的必要性。關於這一點各本都有不同程度地提及。或從關注歷史變亂造成的文化浩劫出發，認爲增廣前代經典是有效保存文獻的途徑。〔註2〕或以詩書春秋爲例，說明這些上古經典都

---

〔註1〕〔清〕永瑢：《四庫全書總目提要》，卷一百九十二集部四十五，總集類存目二。

〔註2〕〔明〕周應治輯：《廣廣文選・李維楨序》：「隋牛弘謂孔子後文字有五厄，其

是在極其豐富的原始數據的基礎上，擷取精華而最後成書。以此論證廣取廣選是爲後世文集編纂者留取可供選擇的材料。〔註3〕又或是遺憾前代文集傳至宋代已經風流雲散，致使研究與編纂工作無從進行。再次搜羅結集可爲當時和後世之用。〔註4〕總之，各本對文獻保存的共同關注使得「資料性」成爲明代《文選》廣續本最顯著的編纂特徵。

第二，從具有標誌性意義的文學現象和文學思潮對當世後世文風的影響這個角度出發，認爲增廣續收相應的作家作品具有文學史的意義。胡震亨《續文選序》明言六朝時期永明體和宮體詩人的創作爲唐詩格律的濫觴。〔註5〕並在編纂過程中大量增選梁簡文帝、梁武帝、梁元帝、江總、庾信、庾肩吾、何遜的宮體詩。據統計，這些詩人的作品在胡本中的比率很高，共計48首。胡本詩類共收錄152首，除卻82首樂府詩之外，基本上都是六朝的格律詩。樂府詩的大量入選也是爲了指明六朝聲律發展的養料來源。因此胡本顯然成爲「六朝之聲律成就締造盛唐律詩」這一文學史命題的實踐性選本。

與胡震亨本不同的是，湯紹祖本《續文選》不收近體，〔註6〕此本追求古

---

四在昭明前，爲秦、爲莽、爲漢末、爲東晉；昭明之後六厄，弘所見者一，所未見者五，爲湘東、爲隋煬、爲安史、爲黃巢、爲女眞、爲蒙古，古文幾盡矣。後之六厄甚於前四厄。四厄之所遺幸而選於昭明，其不選者經六厄又幸而存於今，使昭明在，當亟收之，夫安得無廣也？」周應治：《廣廣文選》二十四卷，四部全書存目叢書補編，集部第19～20冊，根據清華大學圖書館藏明崇禎八年周元孚刻本影印，頁3。本書所引《廣廣文選》皆據這一版本，以下恕不贅述。

〔註3〕〔明〕劉節編：《廣文選‧呂柟序》：「古詩善惡咸收，至三千餘篇，因得取爲三百篇之定，古書及中候聖狂皆載，幾千餘篇，因得取爲五十篇之定，左丘明傳述魯史，將數十萬言治污具存，因得取爲千五百條之定，《廣文選》如行也，爲知後無作者，不因此而說漢禮晉文，比於古文獻之足徵者乎？審若是，且將恨收取之未盡廣，又何暇議其醇疵哉！」劉節編：《廣文選》六十卷，四庫全書存目叢書，集部第297～298冊，根據明嘉靖十六年陳蕙刻本影印，頁507。本書所引《廣文選》皆據這一版本，以下恕不贅述。

〔註4〕〔明〕胡震亨：《續文選‧序》「詳天監迄義寧百餘年中，詞人著集卷踰二千，而宋世搜輯僅存七十餘，蘭菊荒蕪，採擷靡因，諸家報纂，良以茲乎？」胡震亨：《續文選》十四卷，中國人民大學圖書館藏上海進化書局民國九年（1920年）影印本。本書所引胡震亨：《續文選》皆據這一版本，以下恕不贅述。

〔註5〕〔明〕胡震亨：《續文選‧序》：「今字句齊截，音奏葉利，四六於焉濫觴，詩律因之漸備，風流浸淫，職成唐體。是以約略今編，示存砥柱，興象踰濫，必格以矩位……。」

〔註6〕〔明〕湯紹祖：《續文選‧序》：「併文太纖靡，詩涉近體，以非本旨。」湯紹

---

風，認爲《文選》原典所收詩文「質不過樸，文不及靡」，堪稱典範。後世文風高下皆以此爲衡量標準。齊、周、陳、隋雖然遜於前古，但此風尚存。唐代多求聲律，古風淡薄。宋代詩文也無甚起色。及至明代，七子一出，復古思潮興起，昭明古風才得以重振。〔註7〕言下之意，只有明代復古思潮的詩文創作才是《文選》最正宗的繼承者。所以，湯本中明代詩文收錄的比率很大，共785篇，占總數1142篇的三分之二強；齊、周、陳、隋作品因爲「尚存逸軌」，收錄227篇；唐代則因「斯體大變」，只選擇古體詩文127篇；宋代作品不錄，符合七子一貫抹煞宋詩的思想表現。〔註8〕這樣一來，湯本無疑成爲爲明代復古思潮尋求理論依據、并付諸於實踐的功利性選本。

但是，深入研究湯本在體裁、作者、時代各個方面的選篇情況時可以看出，它對七子觀點的響應是有選擇的，也是有自己的思想的。其一，後七子代表人物王世貞、李攀龍都認爲文自西漢之後皆不足道，唐代之文也無甚可觀。〔註9〕湯本卻選唐文49篇，雖然占選文總數的比率較小，〔註10〕但相比宋元之文皆被排斥來說，已經很是客氣了。所收唐文以初唐反對駢文、堅持

---

祖：《續文選》三十二卷，四庫存目叢書，集部第334冊，根據明萬曆三十年希貴堂刻本影印，頁2。本書所引湯紹祖：《續文選》皆據這一版本，以下恕不贅述。

〔註7〕 〔明〕湯紹祖：《續文選·序》：「胤是以降，齊周病於椎樸，陳隋傷於浮豔，雖遜前古，尚存逸軌。若李唐嗣興，斯體大變，什一仟佰，僅爾庶幾。逮入我明，日月重朗，文章篇翰，併爲一新，當時劉宋數公，猶且屯而未暢，至弘正以後，此道漸闢，昌穀、勉之、子循諸君子，後先摛藻，鬱而具體，天之未喪，抑或在茲。乃搜之往輯，徒掇沈餘，參之時愍，曾靡響振，令昭明成業，永言裔絕，良用嘅焉。」，頁1。

〔註8〕 〔明〕李夢陽：《空同集·潛勛山人記》：「宋無詩。」卷四十八，上海：上海古籍出版社，1991年版（根據《文淵閣四庫全書》影印），頁446。〔明〕王世貞：《弇州山人四部稿·藝苑卮言三》：「宋之文陋。」卷一百四十六說部，頁6682。臺北：偉文圖書出版社有限公司，民國65年（1976）版。本書所引《弇州山人四部稿》皆據這一版本，以下恕不贅述。李攀龍編選：《古今詩刪》三十四卷，與湯本一樣，於唐代之後直接繼以明代，且多錄同時諸人之作。〔明〕李攀龍：《古今詩刪》三十四卷，北京大學圖書館館藏明代汪元時刻本。

〔註9〕 〔明〕王世貞：「唐之文庸。」《弇州山人四部稿·藝苑卮言三》，卷一百四十六說部，頁6682。〔清〕張廷玉：《明史·文苑三》：「其（攀龍）持論謂文自西京、詩自天寶而下，俱無足觀，於本朝獨推李夢陽。」卷二百八十七列傳第一百七十五。

〔註10〕 按照除去賦、詩、騷體之外皆爲文體傳統分類法，湯本共收文346篇，唐文比率只占七分之一強。

古樸文風的魏徵等人和中唐古文運動的代表人物韓愈、柳宗元的文章爲主。〔註11〕值得注意的是，韓、柳二人身爲「唐宋八大家」之首，這一名號是明代古文家唐順之、茅坤等人提出的，目的就是爲了反對七子的擬古之弊。湯本顯然不完全同意七子否定唐文的偏執觀點，並在自己的選本中加以糾偏，但還是沒有偏離尊崇古體的復古思想。其二，對於唐詩，七子以盛唐爲界，抹殺中晚唐之作的價值。〔註12〕湯本中對大曆十才子、柳宗元、劉禹錫、杜牧、溫庭筠、陸龜蒙等中晚唐詩人的作品收錄了十首左右，雖然不多，但收錄唐詩總數畢竟只有 78 首。較之七子徹底否定中晚唐詩歌的決絕來看，湯本的態度要平和中正得多。其三，在湯本收錄的明人作品中，「後七子」的王世貞與李攀龍篇目最多，分別爲 242 篇和 144 篇。「前七子」李夢陽與何景明相比之下少了很多，分別是 22 篇和 34 篇。可見在明代復古思潮中湯氏最推崇的是以王世貞爲代表的後七子。四庫館臣對此也有覺察，認爲湯本過於恪守後七子門戶。〔註13〕以上三點可見，湯本的復古思想傾向於七子，卻沒有完全被七子所囿。還是考慮了其它復古派別的糾偏意見，總體上說比較通達。

在瞭解明代《文選》廣續本各自的編纂思想的基礎上，可以看出各本在「廣」和「續」這兩個維度上各有側重。「廣」更多地是在與昭明原典相近的選文時段中進行增廣；「續」則傾向於在昭明原典其後的延長時段中進行續收。劉節《廣文選》的收錄時段爲戰國至六朝梁代，與原典基本相合。《文選增定》與周應治《廣廣文選》則是戰國至六朝陳代，比原典稍延一段。以上幾本的選文時段與昭明原典大致相同，所以側重於「廣」。宋元之際陳仁子的《文選補遺》也屬此類。〔註14〕胡震亨本《續文選》自序明示：「梁代前入九人，今自外，合後魏、北齊、後周、陳、隋撰爲十四卷。」說明此本多收梁

〔註11〕 據筆者統計，在收錄的 49 篇唐文中，初唐魏徵、劉知幾、虞世南、褚遂良等人的古文，尤其是撰史之論贊，達 20 篇之多，其中魏徵一人占 10 篇。中唐韓柳等古文運動倡導者之文共收錄 10 篇。

〔註12〕 〔明〕王世貞：《弇州山人四部稿・藝苑卮言》：「李杜變風亦自可採。貞元而後方足覆瓿。」卷一百四十四說部，頁 6605。前注《明史》李攀龍言「詩自天寶而下，俱無足觀。」亦爲例證。

〔註13〕 〔清〕永瑢：《四庫全書總目提要》：「明人惟取正、嘉後七子一派，而洪、永以來劉基、高啓諸人僅錄一二。蓋恪守太倉歷下之門戶而又加甚焉。」卷一百九十三集部四十六，總集類存目三，頁 4298。

〔註14〕 〔宋〕陳仁子：《文選補遺・趙文原序》：「亦起先秦迄梁間。」，上海：上海古籍出版社，1993 年版（根據文淵閣《四庫全書》影印）。本書所引《文選補遺》皆據這一版本，以下恕不贅述。

後至唐前之作，較之原典在時段上有所延長，二者在梁代一朝有交叉，大致
傾向於「續」本。湯紹祖本《續文選》收錄時間「遠自昭明以後，近自不佞
以前。」〔註15〕且絕大部分的篇幅是明代詩文，顯然屬於「續」本。

　　明代《文選》各廣續本比較集中地談到「文」與「理」（「道」）的關係這
個問題。作為傳統學案，文道關係在歷史上被多次討論。作為中唐古文運動
的倡導者，韓愈和柳宗元皆持文道並重的思想。這一思想延續到北宋中葉詩
文革新運動，使得這兩場文學復古思潮一脈相承。道學家的觀點與唐宋古文
家相對，從宋初柳開的以文為道之「筌」，發展到周敦頤的文以載道說，二程
的作文害道論，基本上都是重道輕文的一路。南宋朱熹作為宋代理學的集大
成者，調和各家之說，提出文道相即的文學思想，以糾前代道學家以道廢文
之偏。但仍然不乏重道輕文的傾向。在這樣的大背景下，宋元之際的陳仁子
《文選補遺》和元明之際的劉履《風雅翼》體現出顯著的重道傾向。

　　《文選補遺》序言指出此本特徵：「君臣政治之典章、輔治之方略皆可考
見，而為世教民彞之助。」〔註16〕說明此本是將選文當成治國從政的參考教
材而非文學欣賞的對象，價值點在於內容的政教性而非形式上的文學性。就
連昭明舊集將詩賦置於詔令奏疏之前都被認為有損綱常。〔註17〕四庫館臣也
看出陳本政教性之濃重，與昭明原典編纂理念相左。〔註18〕

　　至於劉履《風雅翼》，其編纂目的就是承朱子之志。〔註19〕編纂主旨即為
「發乎倫理，事關乎世教。」〔註20〕四庫館臣言其「去取大旨本於真德秀《文
章正宗》，詮釋體例則悉以朱子《詩集傳》為準。」是很準確的。

　　以上兩本的成書時間一在宋元之際，一在元明之際，都是理學思想盛行的
年代。到了明代嘉靖以後，去宋已遠，理學氣氛淡化，劉節《廣文選》在文道

---

〔註15〕　〔明〕湯紹祖：《續文選序》，頁1。
〔註16〕　〔宋〕陳仁子：《文選補遺・趙文原序》。
〔註17〕　〔宋〕陳仁子：《文選補遺・趙文原序》：「詔令，人主播告之；典章奏疏，人
　　　　　臣經濟之方略。不當以詩賦先秦疏短詔令，是君臣失位、賓文先後失宜。」
〔註18〕　〔清〕永瑢：《四庫全書總目提要》：「然其說云補《文選》，不云竟以廢《文
　　　　　選》，使兩書並行，各明一義。」卷一百八十七集部四十總集類二，頁4165。
〔註19〕　〔元明〕劉履：《風雅翼・戴良序》：「其友謝君肅來告，曰先儒朱文公嘗欲撅
　　　　　經史韻語及《文選》古辭，附於《詩》、《楚辭》之後，以為根本準則，又欲
　　　　　擇夫《文選》以後之近古者，為之羽翼衛輿焉，書未及成而即世。吾鄉劉先
　　　　　生蓋聞文公之風而興起者也。」
〔註20〕　〔元明〕劉履：《風雅翼・謝肅序》。

問題上持文道融合的觀點，將長期以來處於對峙狀態的「文」和「道」打通，認爲「文」就是「道」，「道」就體現在「文」中，打通途徑即「文」中表現的「命意措詞」和「好惡取捨」，君子可以借之「知人」、「論世」。〔註21〕任何兩種事物大而廣之地說都有聯繫和相通之處。這種說法是利用模糊二者界限的方式最大限度地凸顯相通，淡化對立。其中不糾結、不苛辨的態度蘊含著明人融通瀟灑又不乏遊戲的智慧。同時也反映了明人的博雜之風——很多事物，包括原來對立的事物，在對博雜世界的觀照中，在處處可以勾連、事事不無聯繫的思維的牽引下，都可以打通壁壘、趨向融合。這說明明人厭倦了文道對峙狀態及其長期糾纏於此的爭論，想要走一條以融合化解分歧的道路。

周應治《廣廣文選》在劉節本基礎上進行二次增廣，其編纂理念也較劉節本更進一步，認爲「文之所廣者在於文」，同時對於「理之或未醇」的作品也認識到文、理二者「分之或乖」應該並重。並明確提出增廣標準是「爾雅瑰麗，不詭於體者。」〔註22〕可見周本持論是在文道並重的基礎上更偏重於「文」。

就宋、元、明《文選》廣續本在文道問題上的思想變化來看，明代《文選》廣續本的編纂理念更貼近昭明原典「事出於沉思，義歸乎翰藻」的去取標準，更能繼承其文學性和思想性相結合的編纂理念。

## 二、對原典的尊崇與修正

明代《文選》廣續本皆奉《文選》原典爲尊。有些本子在序言、凡例中明言編纂目的就是爲了對昭明舊集廣補備遺〔註23〕，廣續之篇必須合乎《選》

---

〔註21〕 〔明〕劉節編：《廣文選・陳蕙重刻後序》：「蓋言而善，以迪斯人，而與人式，固載道也；言而不善，使人知所避以免，無或陷焉，亦載道也，則固不必一一流於道以爲言矣。矧是諸作，道或不足觀，然即其命意措詞，而其精神心術舉形焉，君子可以知人矣。即其好惡取捨，而時之風聲習尚咸寓焉，君子可以論世矣，即其自簡而繁，自雅而麗，自嚴重而放逸，各有其漸以趨之極也，俛仰數千年間，盛衰沿革，一覽盡之，君子又可以窮其變矣。推而大之，以和性情，以處變故，以達政事，以經上下，以稽度數，以別物品，又莫不於是取足者，而猶未有艾，今日予必談道之取，而此非所尚，不亦與博學於文之意相遠哉？」

〔註22〕 〔明〕周應治輯：《廣廣文選・議例》，頁 10。

〔註23〕 〔明〕劉節：《廣文選・序》：「廣文選何？廣蕭子之選也。……然或遺焉，是故廣之以備遺也。」，頁 508。〔明〕周應治《廣廣文選・自序》：「蓋梅國（劉節）廣昭明而余復廣梅國之所未廣也。」，頁 8。

格〔註24〕，且文章體目的設置大多以原典爲軌範〔註25〕。有些本子雖未明言，卻將對原典的尊崇體現在編纂過程中。如《文選增定》的增選是在全盤保留原典篇目的基礎上進行的，最大限度地維持了《文選》的原貌。胡震亨和湯紹祖兩本《續文選》中，各文體篇目數量的比例與原典一致，說明編者在選篇比例上更多地順應了原典的意圖。劉節《廣文選》基本保留了原典的體目設置，爲了保留詩類中的「佰一」之目，甚至未能顧及廣續本與原典選篇不能重出的規則，仍然入選應璩的《佰一詩》。

在尊崇原典的同時，各廣續本也在編纂過程中做了一些調整，總得來說是爲了補充和完善原典。

首先，在選詩方面，昭明舊集講究「典雅」，因此排斥六朝以來的浮豔之作。這樣做的負面效果是拒絕了漢代優秀的樂府民歌，甚至像《孔雀東南飛》這樣的作品也沒能入選。明代《文選》廣續本卻反其道而行之，大量入選樂府詩，使得「樂府」題材的詩歌在廣續本中所佔的比例由絕對弱勢一躍成爲絕對優勢。劉節《廣文選》選詩 769 首，其中「樂府」詩 228 首，加上隸屬於它的「操」目之詩〔註26〕，占選詩總數的三分之一強。周應治《廣廣文選》中「古樂府」一目選詩 155 首，加上「操」目之詩共計 176 首，在詩歌一類中比例最高。胡震亨《續文選》入選樂府詩 82 首，占詩歌總數 152 首的大半。

應該說，這些廣續本多收樂府詩各有原因。劉節本青睞雅正平實、有現實意義的詩歌作品〔註27〕，雖然刪除樂府詩《烏生》、《焦仲卿妻》的理由還是秉承昭明舊集講求典雅的標準，〔註28〕但是畢竟在數量上大大提升了樂府

---

〔註24〕〔明〕周應治：《廣廣文選・議例》：「非《選》體不載。」「爾雅瑰麗、不詭於體者，俱不敢遺。」，頁10。
〔明〕湯紹祖《續文選・序》：「格稍相似，即爲收採。」，頁2。

〔註25〕〔明〕周應治：《廣廣文選・議例》：「《文選》賦類有京都、畋獵等目，詩有述德、勸勵等目，今仍之。」，頁10。

〔註26〕〔明〕劉節：《廣文選・序》：「操，樂府之遺也。」，頁508。意指「操」目也屬於樂府，只是《文選》遺而未錄。

〔註27〕〔明〕劉節：《廣文選・校正〈廣文選〉凡例》中詳解各體所刪篇目的緣由。關於詩歌類所刪諸目，給出的解釋爲「誇張而悖」、「短寂或浮泛」、「難通曉」、「甚俚俗」、「里巷談吐，無關文義」，頁509。由此可見，劉節本的選詩要求是雅正平實、有現實意義。

〔註28〕〔明〕劉節：《廣文選・校正〈廣文選〉凡例》：「其《烏生》、《焦仲卿妻》樂府數篇又甚俚俗。」，頁510。

詩的地位。胡震亨本的編纂目的是爲了指明六朝詩歌在聲律方面對唐代詩歌的貢獻。在這一前提下多採樂府是爲了突出六朝聲律的養料來源。雖然目的不同，但在矯正《文選》排斥優秀的樂府詩這一點上，起到了同樣的效果。

其次，昭明舊集涵蓋時代上自先秦，下到梁代普通元年，採用詳近略遠的方法，時代越晚，入選作品比重越大。這樣導致時代久遠的作品保留較少。明代《文選》廣續本注意到了舊集這一特點，並在增廣過程中予以補充。

劉節《廣文選》從遠古之作更具有典範性這個角度對「詳近略遠」提出批評：「銘也、頌也、誄也，古而則者遺矣。……諸類之遺猶夫頌也、誄也。」〔註 29〕意思是說詳近略遠的選篇之法是《文選》各文體選篇時的通病，實屬本末倒置，其實遠古的源頭之作更具有學習借鑒的價值。

周應治《廣廣文選》則是從盡可能保存古代文獻、增強廣續本的資料性這個角度來進行矯正的。「今之視六朝猶昭明時之視三代兩漢也，六朝所不忍遺，而況三代兩漢，片言隻字留在人間，豈可棄乎？」〔註 30〕意指先秦兩漢文獻稀缺，流傳至今尤爲不易，應該對此悉爲搜羅，存於集中，以備後世之需。

《文選增定》雖然沒有序言和範例流傳至今，但在增廣過程中貫徹了編者力矯「略遠」之弊的思想。在全盤接收《文選》篇目的基礎上，增加 35 篇。賦類增 15 篇，除去庾信和鮑照兩篇，其它皆爲漢前作品。包括賦的源頭之作荀卿五賦和西漢諸位名家之作。詩類增加 18 篇，漢後之作只有六朝時陰鏗、何遜的兩首。此本唯一的增目「古歌辭」彙集了一些上古歌謠，如寡陶嬰《黃鵠歌》、越人《榜枻歌》等。騷類增加楊雄《反騷》和息夫躬《絕命辭》，雜文類增加楊雄一篇《諫百夫箴》，也都是漢前之作。由此可見此本增篇的特徵，一是重古風，多遠古篇什，二是皆爲大家的古而有則之作。這種以增篇數量表現傾向的方式和元代陳仁子《文選補遺》相近。以陳本「詔誥」體爲例，114 篇中只有魏文帝兩篇，其餘皆爲漢帝之文。「疏」體八卷，漢後之文只有三篇。綜上所述，或是在序言、範例中明確表示，或是在增廣過程中以比例懸殊加以表現，這些廣續本大多對原典「詳近略遠」的傾向予以矯正。〔註 31〕

---

〔註 29〕〔明〕劉節：《廣文選·序》，頁 509。
〔註 30〕〔明〕周應治輯：《廣文選·李維楨序》，頁 4。
〔註 31〕至於湯紹祖和胡震亨兩本：《續文選》，一是爲了呼應本朝復古思潮而編，以

　　第三，《文選》編選時拒絕「經」、「史」、「子」中的文章，認爲這些文章不以「文」爲目的，「文」的特點很少。對於史書中文學意味重的論贊，即「綜輯詞採」、「錯比文華」之篇，雖然適當地選入了一些，但態度很是謹慎。劉節《廣文選》和周應治《廣廣文選》二本對此做了大量的補充。

　　對於諸子之文，劉節本在新增的「雜文」目中收錄管子、列子、莊子、荀子、韓非子等諸子散文 42 篇，占此目收錄總數 63 篇的大半。《廣廣文選》在「問」體和「篇」體中收錄莊子、荀子、列子、墨子、亢倉楚、鶡冠子、晏子、孫子、韓非子、商鞅、呂不韋等諸子散文。並在《議例》中指出，蕭統在《文選序》中說明不選諸子的原因在於「繁博而事異」，自有其道理，但也認爲「諸子亦不容紲」，並以管子《問篇》爲例點出選擇諸子之文的標準在於「奇詭」。〔註32〕值得注意的是，這一標準是從文學性的角度出發的，之於昭明舊集因爲缺乏文學性而不錄諸子的出發點來說，是根本性的補充和完善。

　　至於「史」類文章，劉節本共收錄 50 篇，其中《史記》23 篇、《漢書》14 篇、《後漢書》11 篇、《三國志》2 篇。多爲經典的「古而有則」之篇。並增加「傳」之一目，〔註33〕以專門收錄史論贊中傳記的部分，以區別於側重論說的史論和史述贊。一方面說明編者具有依據功能細化文體的意識，另一方面表現出對「史」類的重視。

　　綜上所述，增加樂府詩、遠古作品和史、子散文的比重是明代《文選》廣續本對昭明舊集的完善與補充。當然，《文選》原典有自己的編纂理念，缺少哪一部分有自己的理由，形成獨特的風格。廣續本的補充完善淡化了原典的個性，但更具有資料性，保存了更多的文獻。因此，《文選》原典「選」的意味更濃，而廣續本「集」的意味更重。正如周應賓《廣廣文選序》所言：「蓋昭明意在垂後，故其裁取也嚴。君衡（周應治）意在稽古，故其搜收也廣。博聞洞覽之士必有取於是書云。」此一「嚴」一「廣」正是一「選」一「集」之意。這根源於《文選》原典與廣續本在編纂目上的差別：垂範性與資料性。

---

　　七子的古體之作爲主；一是爲了證明六朝詩歌在聲律方面對唐詩的決定性影響，編選時段集中在六朝。獨特的編纂目的使這兩本少有矯正「詳近略遠」之意。

〔註32〕　〔明〕周應治：《廣廣文選・議例》，頁 11。
〔註33〕　〔明〕劉節：《廣文選・序》：「傳者，史論贊之紀也。」，頁 508。

## 三、文體意識和變革

文體問題上的變化，胡震亨本《續文選》主要表現為體目刪減，《文選增定》表現為體目合併，劉節《廣文選》和周應治《廣廣文選》則表現為體目增加。

胡震亨本《續文選》的收錄篇目在眾廣續本中是最少的，共 268 篇，合十四卷。篇幅縮短對應體目的刪減。值得注意的是，留存下來的體目之於被刪去的體目在文體功能上具有可替代性。如人主播告人臣的詔令類文體，刪去「冊」、「策」，留存「詔」、「令」、「教」。人臣上陳人主的典章奏疏類文體，刪去「上書」、「奏記」，留存「表」、「啟」、「彈事」、「箋」。論贊類文體刪去「史述贊」、「箴」，留存「史論」、「銘」。弔祭類文體刪去「行狀」、「弔文」，留存「誄」、「哀」、「碑文」、「墓誌」、「祭文」。這說明胡本是從文體功能的角度對體目進行精簡，每種功能只保留有代表性的幾種，這樣可以在精簡的同時還能兼顧全貌。

《文選增定》是在全盤接收昭明原典篇目的基礎上增加少數篇目而成，所以體目在增減方面變化不大，但合併現象比較集中。現列表於下：

| 昭明舊集 | 《文選增定》 |
| --- | --- |
| 「奏記」1 篇 | 合入「箋」類，文體名稱改為「箋奏」。 |
| 「史述贊」4 篇 | 合入「贊」類，文體名稱為「贊」。 |
| 「符命」3 篇 | 《劇秦美新》合入「論」類，文體名稱為「論」。 |
| | 《封禪文》、《典引》合入新設的「文」目，文體名稱為「文」。 |
| 「對問」1 篇 | 合入「設論」，體名為「設論」。 |
| 「弔文」與「祭文」兩類 | 合併為「弔祭」。 |
| 除賦、詩、騷三大文體之外的所有文體 | 合併成「文」類，與賦、詩、騷成為同一級別的文體。 |

從上表可以看出，被合目的對象與合入的體目在文體功能上是基本一致的。合目之後的文體名稱或取二者的結合，或取內涵更大的一方，總之在文體功能上能夠涵蓋被合入的篇什。由此可見，此本還是從文體功能的角度出發，實現文體設置和體例編排方面的精簡和優化。

至於新增的「文」類，涵蓋眾多雜文文體，與賦、詩、騷三體並峙，共同支撐原典，較之原典的文體編排更有平衡感。以「文」名體，比較確切，能夠在概念上涵蓋各體，也能與其它三體在同一層面上形成區別。類似的想

法在劉節《廣文選》的文體設置中也可以看出。劉本對「諸目具矣，弗目者遺」的文體增設了補遺性文體，如「雜賦之於賦」、「雜文之於文」，其中「雜賦」、「雜文」與「賦」、「文」屬於並列級別，不是從屬關係。實際上就是將所有文體分為賦、詩、騷、文四大類。周應治《廣廣文選》亦承此法。這說明明代《文選》廣續本在怎樣使文體設置的框架更平衡、更合理這個問題上有著趨同的思考。

劉節《廣文選》增目頗多。如果將昭明舊集中的文體作為一級分類的話，劉節本增目多為從屬於一級分類的二級乃至三級分類。具體見下表：

| 分類級別 | 增目 | 劉節在《廣文選序》中關於文體增目的說明 |
|---|---|---|
| 一級分類 | 雜賦 | 「夫賦諸目具矣，弗目者遺，是故次之雜賦，以廣遺也。」 |
| | 雜文 | 「夫文猶賦也，諸類具矣，弗類者遺，是故次之雜文，以廣遺也。」 |
| 二級分類 | 操 | 「操，樂府之遺也。」 |
| | 謠 | 「謠，雜歌之遺留也。」 |
| | 璽書 | 「夫詔，王言也；璽書、賜書、敕諭皆王言也，廣之類也。」 |
| | 賜書 | |
| | 敕諭 | |
| | 策 | 「策，冊類也；策問，詔類也；廣之以從類也。」 |
| | 策問 | |
| | 疏 | 「疏，上書類也。」 |
| | 對策 | 「對策，對類也，廣之從其類也，而文則無矣。」 |
| | 記 | 「記者，序之實也。」 |
| | 傳 | 「傳者，史論贊之紀也。」 |
| | 說 | 「說者，論之要略也。」 |
| | 哀辭 | 「哀辭者，哀之緒餘也。」 |
| | 祝文 | 「祝文者，祭告之大典也。」 |
| 三級分類 | 封事 | 「封事、議對皆疏類也，廣之以從類也。」 |
| | 議對 | |

從上表可見，劉本增目是按照不同文體級別有序進行的，這樣使得類目劃分更加細緻，既能和原典文體劃分相融合，又可以保證增廣部分的相對獨立性。因此作品數量增多，卻不顯凌亂。較之昭明舊集更進一步地實現了文體分類的體系化。另一方面，這種由分類級別形成的從屬和遞進關係，對應

了文體之間源流承繼乃至互爲構成的關係，使得此本在編排體例上更具有闡釋文體的啓示性。

最後，有必要討論一下陳仁子《文選補遺》的文體思想。陳本雖非明本，但成書於宋元之間，去明不遠。更重要的是，它的文體思想深刻地影響了明代的《文選》廣續本。主要反映在三個方面：

其一，具有文體學著作的意味。《文選補遺》對於每個文體都有詳細的解說。一般前引眾家之言，如西山眞德秀、朱熹等，最後附以「愚曰」。對這一文體的源流、特徵、掌故、以及在不同時代的表現風格一一加以介紹，其後再依據不同風格選定篇目。這種體例與明代文體學著作《文章辨體》、《文體明辨》頗爲相似。只是後二者將各文體的解說介紹合併爲「序說」一文，置於卷首，單獨成文。而陳仁子本是各個文體分別解說。所以，說《文選補遺》具有文體學意味是不爲過的。劉節在《廣文選序》中詳細介紹自己在文體問題上的思想，包括增加體目的理由和必要性、增目的設置與功能、增目之間以及增目和原典中傳統體目之間或源流或從屬的關係等等，不異於一篇研究《廣文選》增目的文體學文章。不能說此舉必然因《文選補遺》而來，但作爲兩代相繼的《文選》廣續本，影響應該是存在的。

其二，體目隨篇名而設。即根據所收作品的名稱設置文體和劃分文體歸屬。如卷三「璽書」、「賜書」、「策書」三體，性質和功能都屬於人主封賜之書，完全可以合爲一類文體。但因爲三體中的作品篇名分別皆爲「……璽書」、「賜……書」、「封……策」，所以陳本也就依篇名設置了這三類文體。劉節《廣文選》也存在類似問題，「賦」類增加一篇《天地賦》，便依此增加「天地」一目。這一體目隨篇名而設的特徵源自先有篇後定體的歸納式思維。而典型的文體學著作則是先羅列體目，再依此選篇的演繹式思維。相比之下，「體目隨篇名而設」的方式使得增目具有較強的隨意性，概念性也不強，所以在文體學上的意義不大。

其三，陳本中存在一個文體只錄一人之作的情況。如「史敍論」一體完全是司馬遷《史記》中的表、世家、傳之後的敍傳。還專門解釋這樣做是因爲這類文章後代史書皆不如太史公。其實陳本提出了一個所有選本都會感到棘手的問題，〔註34〕那就是很多經典的作品已經結集，或是很多經典文集中的多數作品都很優秀。如果選錄，不分伯仲，實在難以取捨；如果不選，容

〔註34〕廣續本其實也是選本，只不過範圍是在原典基礎上的選擇。

易造成一流不入、二流充斥的後果。陳本的解決辦法是折中式的——大量地選錄卻要顧忌篇幅和選本的意義而不能全錄。周應治《廣廣文選》也就此問題提出疑問，傳文以《史記》最勝，難道全部錄入？實在不勝繁複，索性一併不收。〔註 35〕所以周本刪去了劉節本增設的「傳」目。可見周本的應對之法是放棄這一類作品的選擇權，將難題留給讀者——此類佳作自己到經典文集中去各取所需。這種方法相對消極，只能限制在某些實在難以選擇的文類範圍內，頻繁使用地話選本就失去意義了。另一方面，這種方式也反映了編者刻意淡化自己的選擇權對廣續本編纂的影響，這說明編者沒有完全把《廣廣文選》看成是對原本的再創造，而是突出強調廣續本收錄、保存詩文的完整性和選擇的合理性。

　　陳本中有些文體雖然不至於「一體一人」，但不同作者之間的選篇數量極不平衡。如「詩」體共收錄 6 人共 94 首，陶淵明詩占 82 首。「贊」體共收錄 3 人 30 篇，其中《史記》作品 20 篇，陶淵明作品 9 篇。「銘」體共收錄 5 人 31 篇，其中周武王 17 篇，鮑照 11 篇。這一表現反映突出優秀作家、不搞平均主義的增廣思想，很有昭明遺風。但也不乏「一人一體」的霸氣。劉節《廣文選》也存在類似情況，如「箴」體共收錄 44 篇，楊雄占 29 篇。「贊」體共 31 篇，楊戲占 23 篇。應該說選篇數量不平衡與「一人一體」的編纂方式都體現了已經結集的經典作品與選本編纂之間難以調和的矛盾。

## 第二節　廣續本的詩歌單行本

　　明代《文選》廣續本的詩歌單行本是就《文選》原典的詩歌部分單獨進行增補廣續的本子。各本都有自己獨立的編纂理念，所以將這一類本子作為一個相對獨立的整體單獨拎出來予以研究。這類本子從研究對象的角度可以分為兩類，一類為專收古詩的廣續本，主要包括劉履《風雅翼》中的二編《選詩補遺》和三編《選詩續編》、馮惟訥《選詩約注》的末編《選詩補遺》、顧大猷的《選詩補》。一類為專收律詩的廣續本，主要是楊慎《選詩》中的《選

---

〔註35〕〔明〕周應治：《廣廣文選・議例》：「《廣》有『傳』目，今不復廣者，以傳莫善於《史記》，無一傳不可入者，詎勝其載。自三國而下傳不能匹馬班，且一傳而載數人，去首尾序贊則不成文，並載則不勝繁複，故去此目。至於『志』之類，《廣》載班之《律曆》、《五行》，則馬之《封禪》、《河渠》諸書何一不可載？今並不收。」，頁 11。

詩外編》和《選詩拾遺》二編。〔註 36〕此外，第一節所論述的詩文並收的廣續本中有一些明確提出關於古體或者律體的看法，並且對於詩歌部分的增補廣續有獨立而成熟的編纂目的，這樣的廣續本在本質上與詩歌單行的廣續本是相通的，所以本節也將其列入研究範圍。

在專收古詩的廣續本中，劉履《風雅翼》共有三編，首編為《選詩補注》八卷，「取文選各詩刪補訓釋，大抵本之五臣舊注、曾原演義，而各斷以己意。」多為刪述、評點內容，與廣續本無涉，不作為本章的研究對象。次編為《選詩補遺》二卷，三編為《選詩續編》四卷，《四庫提要》明確指出二者只收古體：「（《補遺》）取古歌謠詞之散見於傳記諸子及樂府詩集者，選錄四十二首以補《文選》之闕。」「《續編》取唐宋以來諸家詩詞之近古者，一百五十九首以為《文選》嗣音。」〔註 37〕在編纂實踐中，恪守古體確實嚴格。有些重要詩人，不以古體創作為主，也盡力搜羅其僅有的古詩作品。如言王安石：「聞有古體，惜乎不多得也。」所以只能收錄兩首。〔註 38〕

根據不同詩人被收錄作品數量的排名可見，杜甫以 37 首居首，朱熹以 27 首居次。朱子之詩大量入選是不難理解的。劉履身處元明之間，正是理學大盛時期，推崇朱熹自是當然。《風雅翼》一書的編纂目的就是繼承朱子遺志以弘揚詩教。〔註 39〕至於杜甫在宋元時期的地位，大有被聖人化、詩教化的趨向。從北宋秦觀在《韓愈論》中將杜甫與孔子相提並論以認定其「集詩文之大成者」的地位，〔註 40〕到南北宋間的陳善在其《捫虱詩話》中將杜詩比作

---

〔註36〕 這些本子大都包含數編。首編是對昭明原典詩歌部分的或重選或重新編排的單行本，二編、三編或是末編則是詩歌部分的廣續本。明代《文選》廣續本的詩歌單行本大多為這種形式，作為在原典詩歌部分的基礎上增廣續補的本子，理應排序在後。

〔註37〕 〔清〕永瑢：《四庫全書總目提要》，卷一百八十八集部四十一總集類三，頁4184。

〔註38〕 〔元明〕劉履：《選詩續編》四，卷十四。

〔註39〕 〔元明〕劉履：《風雅翼・戴良序》：「其友謝君肅來告，曰先儒朱文公嘗欲撰經史韻語及《文選》古辭，附於《詩》、《楚辭》之後，以為根本準則，又欲擇夫《文選》以後之近古者，為之羽翼衛輿焉，書未及成而即世。吾鄉劉先生蓋聞文公之風而興起者也。」

〔註40〕 〔宋〕秦觀撰、徐培均箋注：《淮海集箋注・韓愈論》：「杜子美之於詩，實積眾家之長，適當其時而已。……孔子，聖之時者也。孔子之謂集大成。嗚呼，杜氏、韓氏亦集詩文之大成者歟。」卷二十二「進論」，上海：上海古籍出版社 1994 年版，頁 751。

六經，其他流派的詩人比作諸子，爲杜詩罩上經學色彩。〔註 41〕再到南宋陸
游在《讀杜詩》一詩中將杜詩奉爲《清廟》、《生民》等《雅》、《頌》之音，
以代替此前的「詩史」之尊，切實地將杜詩與理學尊崇的詩教綰和在一起。〔註
42〕到了明代，杜甫「詩聖」的稱號基本上確定了下來。明初宣德至弘治年間，
創立理學嶺南學派的陳獻章就在《隨筆》一詩中以「詩聖」指杜甫。〔註 43〕
七子「詩必盛唐」的復古思潮中，杜甫最受推崇。〔註 44〕根據上述杜甫在宋
代至明代的接受情況可見，《風雅翼》中的《選詩續編》將杜詩置於如此崇高
的地位，既有一以貫之的文學接受傳統，又成爲影響後世復古思潮尊唐尊杜
思想的重要一環。同樣地，明代七子否定宋詩的思想也並非一家獨撰，而是
早有先聲。《選詩續編》收錄的唐詩數量就遠遠超過宋詩。宋代只選朱熹和王
安石二人作品共 29 首，相比全編 159 首的總目來說比率是很小的。

　　至於劉履本《選詩補遺》和《選詩續編》的收錄標準，首先要從編纂理
念出發研究一下劉履對朱熹的詩歌創作論的理解，因爲這是劉本收錄標準的
基石。「（朱熹）其於吟詠情性亦必取則於古之作者。嘗言《三百篇》性情之
本，學詩而不本於此則亦淺矣。又曰作詩須從陶柳門庭中來，不如是無以發
蕭散沖淡之趣。又曰《選》詩及韋蘇州詩固當熟觀，更須讀《語》、《孟》以
探其本。今觀先生所爲詩，大概出入陶韋之間，至義理精微處則皆本於六經
四書者，又豈它人所能窺測□。」〔註 45〕這一段話講清楚了劉履對朱熹詩歌
創作思想的理解。即以六經四書爲思想之本，陶、韋、《選》詩爲藝術之本，
《三百篇》爲性情之本。換言之，就是追求一種經學思想加之蕭散沖淡之趣

---

〔註 41〕〔宋〕陳善：《捫虱新話·杜詩高妙》：「老杜詩當是詩中六經，他人詩乃諸子
　　　　之流也。」下集卷一，叢書集成新編（一二），臺灣：新文豐出版公司印行，
　　　　頁五五。
〔註 42〕〔宋〕陸游：《劍南詩稿·讀杜詩》：「千載《詩》亡不復刪，少陵談笑即追還。
　　　　常憎晚輩言『詩史』，《清廟》、《生民》伯仲間。」卷三十四。《劍南詩稿》八
　　　　十五卷放翁逸稿一卷，四部備要集部，據汲古閣本校刊，上海：中華書局，
　　　　民國二十五年（1936）排印本，頁 367。
〔註 43〕〔明〕陳獻章：《白沙子·隨筆》：「子美詩之聖，堯夫更別傳。」卷之五。《白
　　　　沙子》八卷，四部叢刊三編集部 73～74，根據東莞莫氏五十萬卷樓藏明嘉靖
　　　　刻本影印，上海：上海涵芬樓，民國二十五年（1936 年版），頁 42。
〔註 44〕〔明〕王世貞：《弇州山人四部稿·藝苑卮言三》：「揚之則高華，抑之則沉實，
　　　　有色、有聲、有氣、有骨、有味、有態，濃淡深淺，奇正開闔，各極其則。
　　　　吾不能不服膺少陵。」卷一百四十七說部。
〔註 45〕〔元明〕劉履：《選詩續編》，卷十四。

的古意之作。這一點與劉履在編選實踐中的具體收錄情況是一致的，從劉履對收錄數量居前的詩人的評價中可以推出。

對韋應物的評價是「其詩清深閒淡而詞格不減沈、謝云。」朱熹是推崇韋應物的，劉履對韋詩的肯定說明他並不忽視沈、謝式的音調和諧之美。評價柳宗元則將柳、韋進行比較：「與韋應物並稱宜矣。然必較其等差，則子厚之務求工致，乃不若韋之蕭散自然者也。」言下之意劉履雖然像朱熹一樣更推崇「蕭散自然」，卻對「務求工致」沒有表現出特別的反感，態度較爲平和。評價李白是在肯定他「其詞宏麗？偉，才逸氣邁，蓋亦劉越石鮑明遠之儔歟。」的同時強調其詩作「未必盡合軌轍」。說明劉履本的正統意識濃重，要求詩歌發乎於情而止於禮，並不認同李白詩作天馬行空的自由。即此而觀，劉履本的收錄標準爲：在感情表達的方式上崇尚自然沖淡、中庸平和，基本上不出朱子詩教「溫柔敦厚」之說；不排斥聲律，說明還沒有忽視藝術形式這個元素。

馮惟訥《選詩補遺》是其刪述本《選詩約注》一書的末編，僅有一卷。此本篇目爲劉履《風雅翼》的二編《選詩拾遺》的篇目，加上《風雅翼》的一編《選詩補注》相對於昭明舊集增加的篇目。所以就廣續本來說，馮本實爲劉履《風雅翼》的一個重編本，從篇目到編纂理念〔註46〕都是劉本的一個附屬品。〔註47〕

顧大猷的《選詩補》是在劉大文《選詩》〔註48〕的基礎上增補廣續的一編，僅一卷。其序多次明言尊崇昭明舊集：「即昭明舊集爲之序次，選其軼而未備者。」「今劉公之博雅（劉大文《選詩》）、顧侯之鑒裁（顧大猷《選詩補》）又能爲昭明羽翼，以淑諸人以傳諸後。」「法止於俳，韻止於沈。今人拘縛聲律而失天籟自然之妙，即未嘗不極其所至而古意已微。誰使千載之後猶知宗漢魏以浸尋風雅者，則昭明氏之力也。」〔註49〕可以看出，顧本堅持求古意、

---

〔註46〕〔明〕馮惟訥：《選詩約注・選詩補遺引》：「竊承朱子欲抄經史諸書、韻語、
　　　　《文選》、《古詩》附於《三百篇》、《楚辭》之後之遺意。」
〔註47〕馮惟訥：《選詩補遺》相對於《風雅翼》的獨立意義只體現在刪述劉履注這個
　　　　方面。
〔註48〕劉大文：《選詩》是《昭明文選》中所有詩歌的單行本，只是在編排體例上與
　　　　昭明舊集不同，以朝代次序爲先，以人相繫，所以性質上應該屬於《文選》
　　　　選本。
〔註49〕〔明〕劉大文校輯、顧大猷補：《選詩・選詩補序》。

斥聲律是出於尊崇原典的本意，意欲在這一點上繼承昭明之志以上溯漢魏之聲。落實到編纂實踐中的選錄標準有二，一是在梁末到陳隋這一相對於昭明舊集的延長時段中，不載儷律之體，只收錄合乎選詩古體的作品。並特別指出這一時段的作品與古詩尚有親緣。〔註50〕二是對於樂府詩、齊梁新變之體和上古久遠之篇這新舊兩極的作品都不收錄。〔註51〕

顧本在尊崇昭明舊集的基礎上，意圖通過文獻的增補廣續以達到「完備六朝」的目的。《文選》的收錄時代迄於梁代普通元年，顧本一直增補到隋代，雖然延長時段增加的作品數量很少，陳4首，北魏1首，隋4首，但是鑑於顧本整體篇幅短，只有一卷，這幾個朝代的優秀作品又的確不多，所以應該說顧本在「完備六朝」方面具備一定的資料性。此外，某些被昭明舊集遺忘的詩歌創作群體，因為在當世影響甚廣、頗受爭議而成為不可忽視的文學現象，例如詩僧及其創作。〔註52〕對此顧本也本著「完備六朝」的宗旨予以收錄。

湯紹祖的《續文選》雖然不是詩歌部分單行的廣續本，但是因為序言中明示「近體不錄」、「併文纖靡不錄」，重點提出只錄古體、排斥近體的收錄標準，所以也將其詩歌部分看作古體廣續本，與其他古體詩歌廣續本並置研究。上一節已經討論過，湯本的編纂目的正如序言中所言，在評論各代文學創作風氣和成就之後，得出明代七子一出，昭明古風才得以重振的結論，是明代七子復古思潮的實踐性範本。因此，此本對古體詩歌的續收也是謹遵這一宗旨的。

綜上所述，以上各本雖然皆為《文選》中詩歌部分的增補廣續，但在編纂理念上各有所尊。劉履《選詩補遺》、《選詩續編》和馮惟訥《選詩補遺》尊朱子詩教，顧大猷《選詩補》尊昭明原典，湯紹祖《續文選》尊七子復古思想。但在「以《三百篇》為宗」這一點上，各本都是一致的。《三百篇》作為詩歌的源頭，中國古代詩歌創作的搖籃，一直被後世奉為圭臬，到了朱子

---

〔註50〕〔明〕劉大文校輯、顧大猷補：《選詩・選詩補凡例》：「梁末逮陳隋之間，其豔詞怨曲盡屬新聲，俱不敢載，中有風雅正音合於《選》詩古體者，一例序入以備六朝之全。」《選詩・選詩補序》：「六朝之末雖漸以侈靡，猶不失溫柔敦厚，與古詩不遠。」

〔註51〕〔明〕劉大文校輯、顧大猷補：《選詩・選詩補凡例》：「樂府歌行凡有類於四、五、七言古詩者皆選入，至於上古三代及先秦兩漢《郊祀》、《明堂》、樂府歌謠，其文太古，不敢概增，止存昭明原選者數首。」

〔註52〕〔明〕劉大文校輯、顧大猷補：《選詩・選詩補凡例》：「緇流昭明選中俱不收錄，豈比時集未見歟？況支遁、慧遠輩，詩名藉甚，似不可遺，取入數首以備大觀。」

手中才被擡爲詩教。各本雖然都尊奉《三百篇》，但除去劉履本是完全從朱子詩教的意圖出發進行編纂的，其他本子還是立足於詩歌本身的規律和價值來看待《三百篇》的。在這裡需要提一下，律體詩歌的廣續本，也是明代《文選》廣續本中唯一一本律體詩歌單行本——楊愼的《選詩外編》和《選詩拾遺》的編纂宗旨，即在批評律體非大雅君子所取的前提下將「杜陵詩宗」確立爲藝術標準。〔註53〕可見這些詩歌廣續本普遍受到朱子詩教的影響，但也不同程度地保留著自己的藝術標準。

廣續本中眞正的律體詩歌廣續本只有楊愼的《選詩外編》和《選詩拾遺》二編。但胡震亨本《續文選》明言只選聲律之作，且編纂目的就是爲了突出六朝聲律對唐詩的影響，雖然包括賦與文，但大多爲六朝駢文駢賦，還是爲了說明聲律的價值。所以將胡本的詩歌部分與楊本並置討論。

楊本與胡本在編纂理念上有一點是相通的。就是意圖證明唐詩之盛出於六朝。楊愼《選詩外編序》明言：「乃知六代之作其旨趣雖不足以影響大雅，而其體裁實景雲、垂拱之先驅，天寶、開元之濫觴也。獨可少此乎？」景雲、垂拱、天寶、開元分別爲唐睿宗、武則天和唐玄宗的年號，此說將初唐至盛唐的詩歌成就都推源於六朝。胡本雖然認爲《文選》中綺靡之風與當時齊梁文風暗合，但明確指出宮體詩在聲律上的貢獻對唐詩影響很大。並將編纂目的定位爲「示存砥柱，興象踰濫，必格以矩位。」〔註54〕指明了唐詩之盛的基礎在於規範興象的格律，在詩歌元素本體論的理論點上確定了聲律不亞於興象的重要性。楊本在共同的編纂理念上更進一步——爲了給聲律的價值找到更堅實的理論基礎，將儷律的源頭追溯到西漢。〔註55〕在此基礎上批評前七子只知推崇唐人，

---

〔註53〕〔明〕楊愼：《選詩・選詩外編序》：「究其體裁，世代相沿，風流日下，塡括音節，漸成律體。蓋緣情綺靡之說盛，而溫柔敦厚之意荒矣。大雅君子宜無所取，然以藝術論之，杜陵詩宗也。」

〔註54〕〔明〕胡震亨：《續文選・序》：「昭明斷章，巧與時會，曁乎宮體扇豔，組織彌工，意匱文繁，墨採黯黮，作者轉擬誇勝而變窮對屬，……今字句齊截，音奏葉利，四六於焉濫觴，詩律因之漸備，風流浸淫，職成唐體。」

〔註55〕〔明〕楊愼：《選詩・五言律祖序》：「五言肇於風雅，儷律起於漢京，《遊女》、《行露》已見半章，《孺子》、《滄浪》亦有全曲，是五言起於成周也。北風南枝方隅不惑，紅粉素手彩色相宣，是儷律本於西漢也。豈得云切響浮聲興於梁代，平頭、上尾創自唐年乎？近日雕龍名家，凌雲鴻筆，尋濫觴於景雲、垂拱之上，著先鞭於延清（宋之問）、必簡（杜審言）之前，遠取宋、齊、梁、陳，徑造陰、何、沈、范，顧於先律未有別編，愼犀渠歲暇隃麋日親，乃取六朝儷篇，題爲『五言律祖』，泝龍舟於落葉，遵鳳輅以椎輪，華琱極摯，本質叵瑜矣。」

卻忽視了唐前詩歌的淵源作用。〔註56〕並且為了探求五言律詩的源頭，沿著《文選》、《詩經》，直至上古歌謠這條線索一直上溯，將詩歌之祖定為「康衢之謠、慶雲之歌」。〔註57〕這樣的編纂理念可以以下三點社會效應。一是對於弘治、正德年間以「臺閣體」為代表的衰頹詩風起到糾偏之效。二是對於前七子「詩必盛唐」的主張起到拓展、深化之用。三是在程朱理學占統治地位的大背景下，為聲律的價值找到了一個超越詩教之上的理論基礎。

　　基於編纂目的的契合，楊本和胡本在具體的編纂過程中有兩大相似點。一是突出六朝詩歌的聲律成就，二是重視樂府對聲律發展的貢獻。

　　首先來看第一點。兩本中入選作品數量排名居前的詩人皆為宮體詩人。〔註58〕但胡本只是重視宮體，而楊本則是對永明體、宮體及其二體的先聲都予以重視。具體數據參見下表：

| | 宮體詩人 | | | | | | 先聲 | | 永明體詩人 | | |
|---|---|---|---|---|---|---|---|---|---|---|---|
| | 何遜 | 梁元帝 | 梁簡文帝 | 庾肩吾 | 庾信 | 江總 | 傅玄 | 鮑照 | 王融 | 謝朓 | 柳惲 |
| 胡本 | 9 | 4 | 7 | 6 | 11 | 5 | 0 | 0 | 0 | 0 | 0 |
| 楊本 | 22 | 11 | 19 | 13 | 35 | 27 | 11 | 10 | 6 | 7 | 9 |

〔註56〕〔明〕楊慎：《選詩・選詩拾遺序》：「陋儒不足論大雅，乃謹唐人而略先世，遂使古調聲聞往體景滅。悲夫梁代築臺之選，唐人梵籠之編，操觚所珍，懸諸日月，伐柯取則，炳於丹膃矣。二集所略，予得而收之，為《選》之外編，又網羅放失，綴合叢殘，積以歲月，復盈卷帙，稍分時代，別定詮次，仍以《選詩拾遺》題其目。嗚呼！昔之遺軼可重悲惜者，業已莫可追及，幸頗存者宜無諼矣。其諸君子亦有樂於此者歟？」

〔註57〕〔明〕楊慎：《選詩・五言律祖後序》：「溯源探本，反之於《選》，以歸於《三百篇》，以究於康衢之謠、慶雲之歌，萬世之祖於是乎在，而興觀者之華胄，不失墮緒可尋。此則揚子之意也。」

〔註58〕「宮體」是以南朝梁後期和陳代宮廷為中心所流行的一種詩歌流派。宮體詩的主要作者就是梁簡文帝、梁元帝以及聚集於他們周圍的一些文人如徐摛、庾肩吾、徐陵等，陳後主陳叔寶及其侍從文人如江總也可歸入此類。「宮體」之名，始見於《梁書・簡文帝紀》對蕭綱的評語：「然傷於輕豔，當時號曰『宮體』」。但這種風格的詩歌，自梁武帝及吳均、何遜、劉孝綽已開其端。從詩歌發展史上看，宮體詩雖然流於靡弱，但在藝術形式上比永明體更趨格律化，對後來律詩的形成，有著重要的推動作用。

　　由上表可見二本收錄重點和關注對象的差別。胡本的編纂目的側重兼收昭明舊集之後的南北朝聲律詩歌，受時間段的限制，使其偏重宮體。而且胡本在序言中也明言要重點研究宮體對聲律的貢獻。楊本的編纂目的爲說明唐前聲律對唐詩的貢獻，並將儷律推源於西漢，因爲具有通代的史學眼光，所以將六朝聲律及其創作的發展過程勾勒得更全面，從漢魏樂府到兩晉鮑照等人的聲律貢獻再到南朝的永明體和宮體，從漢到唐連成線索，呈線性而非胡本突出一點。

　　再來看第二個相似點「重視樂府對聲律發展的貢獻」。胡本共收錄詩歌 152首，樂府占 82 首，數量較之其他類詩歌遙遙領先。主要包括梁鼓角橫吹曲辭、近代吳歌、近代西曲歌、雜曲、雜歌、文人樂府等幾大類。大體沿用郭茂倩《樂府詩集》中的分類。值得注意的一點是，「近代吳歌」和「近代西曲歌」這兩大類的比率最重。其原因還要歸結爲胡本推崇宮體詩對於聲律的貢獻。因爲宮體詩對於聲律發展的價值突出表現爲發展了吳歌西曲的藝術形式，並繼承了永明體的藝術探索而更趨格律化。

　　較之胡本重視宮體的養料來源，楊本收錄作品數量較多的詩人幾乎都以樂府詩體見長或創作明顯受樂府影響。如上表所列的傅玄與鮑照二人。傅玄作詩長於樂府詩體。今存詩 60 餘首，多爲樂府詩。不少作品繼承了漢代樂府民歌的傳統，反映了社會問題，其中突出反映女性問題。如《豫章行·苦相篇》、《秦女休行》、《秋胡行》等等。《採菽堂古詩選》稱其《秦女休行》「音節激揚，古質健勁」，〔註59〕《雲歌》一類長短句的形式，對鮑照的詩歌創作有一定影響。鮑照也是大力學習和寫作樂府詩，存 80 餘首，有三言、五言、七言和雜言等多種形式。五言詩講究駢儷，圓穩流利。七言詩變逐句用韻爲隔句押韻，並可自由換韻，拓廣了七言詩的創作道路。他的樂府詩突破了傳統樂府格律而極富創造，節奏變化多，辭藻華美流暢，並具有民歌特色。沈德潛曰：「明遠樂府，如五丁鑿山，開人世所未有。後太白往往傚之。」〔註60〕再如入選 25 首詩作的梁代詩人吳均，很注意向樂府民歌學習，擬作了不少樂府古詩，如《行路難》五首、《胡無人行》、《從軍行》等，音韻和諧，風格

---

〔註59〕　〔清〕陳祚明評選：《採菽堂古詩選》三十八卷補遺四卷，續修四庫全書本（影印天津圖書館館藏清刻本），集部 1591 冊，上海：上海古籍出版社，頁 31。

〔註60〕　〔清〕沈德潛：《古詩源》十四卷，四部備要本，集部第二集，卷十一，上海：中華書局，民國十七年（1928）版。

清麗，屬於典型的齊梁風格，但不失剛健清新的氣息，有鮑照餘緒。《梁書》本傳說：「均文體清拔有古氣，好事者或學之，謂爲『吳均體』。」「沈約嘗見均文，頗相稱賞。」〔註61〕

　　楊愼的《選詩外編》和《選詩拾遺》二編作爲明代《文選》廣續本中唯一一本律體詩歌單行本，有必要研究一下它的收錄標準。這從收錄作品數量前四名的詩人及其入選作品可以看出：庾信 35 首，陶潛 29 首，江總 27 首，吳均 25 首。庾信、江總二人的詩風隨著國家興亡和個人際遇的變化而洗去浮豔之色、漸生悲涼之音。楊本所收多爲二人後期之作。吳均詩風前已論述。陶潛更是清新自然、音調和諧之詩風的代表。再結合前述編纂目的可見，和諧的聲律和深遠的古意兼備，是楊愼本最推崇的詩歌風格，也是他的收錄標準。應該說這樣的標準還是客觀可行的。一方面突破程朱理學的籠罩，不爲詩教所縛，重視詩歌的藝術表現和形式元素。另一方面，客觀看待六朝詩歌的成就，摒棄浮豔綺靡的思想內容，吸收聲律方面有價值的東西。盡量收錄既能體現六朝聲律發展水平又有充實深刻的思想內容的作品，這樣在內容和形式兩方面都避免了影響詩歌健康發展的不利因素。

---

〔註61〕〔唐〕姚思廉：《梁書·文學上》，卷四十九列傳第四十三，《梁書》，中華書局點校本，1973 年版。

# 第四章　明代《文選》評點本

## 第一節　明代《文選》評點本的時代特徵

明代《文選》評點本是明代《文選》學數量最多、參與者最眾、發行量最大，同時也最具影響力的一類本子。根據《中國古籍善本書目》等書目的記載，明代《文選》評點本共計有如下十本：張鳳翼纂注《文選纂注評林》十二卷、鄭維岳增補、李光縉評釋《鼎雕增補單篇評釋昭明文選》八卷、孫鑛評《孫月峰先生評文選》三十卷、陳與郊撰《文選章句》二十八卷、李淳刪定批點《新刻選文選》二十四卷、鄒思明刪訂《文選尤》十四卷、郭正域評點《選詩》七卷、郭正域評點《選賦》六卷、郭正域評點《文選後集》五卷、郭正域評點《新刊文選批評》前集十四卷音釋一卷後集十三卷音釋一卷。

明代《文選》評點本在明代《文選》學中的顯著地位當然和明代中後期的評點風潮息息相關，除了自娛自樂之外，以迎合市民趣味和指導士子應考爲目的的市場化運作也是此類本子盛行的主要推動力。因此明代《文選》評點本的時代特徵融合了明代士風、世風、文風的多種表象。包括評點者多才多藝的「雜家」面目，考據學隨評點而來的遊戲性質，來自科考又服務科考的八股思維，以及博雜、恢宏的歷史和文學史眼光。

應該說，明代《文選》評點本是明代《文選》學各類著作中最能展示明代風貌的一類本子。前代典籍的選本和廣續本各代都有，就研究形式來看時代感不強。刪述本的指南性以及與大眾傳媒之間的密切關聯固然展示了時代特色，但畢竟還有脫胎於傳統《選》學的過渡色彩。而評點這一文學形式本

身極盛於明代，在明代文學領域中具有代表性意義，是明代文風、士風的集中體現。因此說明代《文選》評點本是有明一代時代特徵在《選》學中的集中體現，是不爲過的。

## 一、打通各藝術門類

明代文人多寄情於藝術創作和品評，往往一人多能，繪畫、書法、音樂、戲曲、園林設計等等各藝術門類都有涉獵。因此，當他們拿起評點之筆時，長期浸淫於各藝術門類之中的眼光、手筆勢必會潛移默化到評點的文字中去。明代《文選》評點者也多爲此類「雜家」。現具體列表介紹如下：

| 評點者 | 《選》學著作 | 擅長藝術門類 | 具體藝術成就 |
|---|---|---|---|
| 瞿式耜 | 批點《文選十二卷音注十二卷》 | 書法 | 墨迹多見於清人編纂的書畫集冊之中，如端方所撰《壬寅銷夏錄》中的《明賢遺墨眞迹冊》和李佐賢所輯《書畫鑑影》都收入瞿式耜的作品。 |
| 王象乾 | 刪訂《文選刪註》 | 書法 | 輯有《忠勤堂碑板集古法書》傳世。 |
| 陳與郊 | 批註《文選章句》 | 戲曲 | 著有傳奇《靈寶刀》、《麒麟閣》、《鸚鵡洲》、《櫻桃夢》4 種，合稱《詅癡符》。又有雜劇 5 種，今存《昭君出塞》、《文姬入塞》、《袁氏義犬》3 種。輯有《古名家雜劇》、《古今樂考》等 10 餘種。 |
| 淩濛初 | 輯評《選詩訂注》 | 戲曲 | 有雜劇《勘髯翁》、《顛倒姻緣》、《北紅拂》等 13 種；傳奇《衫襟記》、《合劍記》、《雪荷記》3 種，另有戲曲評論著作《南音之籟》。 |
| 孫鑛 | 批點《孫月峰先生評文選 30 卷》 | 繪畫 | 書法繪畫研究著作《書畫題跋》六卷。 |
| | | 書法 | |
| | | 戲曲 | 精通戲曲音律。曾提出研究、鑒賞的標準——南曲「十要」，後被著名戲曲家呂天成引用以衡傳奇，〔註1〕在明代戲曲史上有重要影響。 |

---

〔註 1〕 〔明〕呂天成撰，吳書蔭校注：《曲品》：「我舅祖孫司馬公謂予曰：『凡南劇，第一要事佳，第二要關目好，第三要搬出來好，第四要按宮調、協音律，第五要使人易曉，第六要詞采好，第七要善敷演，淡處作得濃，閒處做得熱鬧，第八要各腳色分得勻妥，第九要脫套，第十要合世情、關風化。』持此十要以衡傳奇，靡不當矣。」卷下，北京：中華書局，1990 年版，頁 160。

| 評點者 | 《選》學著作 | 擅長藝術門類 | 具體藝術成就 |
|---|---|---|---|
| 張鳳翼 | 評注《文選纂注》 | 繪畫 | 撰有《海內名家工畫能事》，采輯前人畫論。 |
| | | 書法 | 善書。王世貞《藝苑卮言》云：「張貢士鳳翼小楷擬《曹娥》，精雅有致，微傷矜局」，〔註2〕《弇州四部稿》云：「伯起生平臨二王最多，退筆成冢，雖天趣小竭而規度森然矣。」〔註3〕 |
| | | 戲曲 | 所著戲曲有傳奇《紅拂記》、《祝髮記》、《竊符記》、《灌園記》、《扊扅記》、《虎符記》六種，合題《陽春集》。 |
| | | 園林設計 | 設計建造蘇州名園──求志園。 |

因此，在明代《文選》評點本中，打通各藝術門類、融合各種藝術語言的現象比比皆是。以下列表說明：

| 藝術門類 | 舉　　　　　　　例 |
|---|---|
| 繪畫 | 《文選尤‧文賦》：畫腐為新。<br>《新刊文選批評‧西都賦》：畫出太平。<br>《新刊文選批評‧西都賦》：搬演如畫。<br>《文選集評‧遊天台山賦》何曰，已度石橋，才見曠朗」一段中仍有次序頓挫，歷歷如畫。<br>《選文選‧風賦》：可喻而不可畫者，風也。此其丹青之矣。<br>《鼎雕評釋‧西京賦》茅坤曰，此段文字錯落分明，畫出一幅西京圖，與《阿房賦》同一奇麗。 |
| | 《文選尤‧魯靈光殿賦》：奇異怪麗。雄竦陸離，丹霞飛華頂之峰；接天峻拔，紫霧鎖方瀛之路。峭壁崔巍，驚心駭目，疑鬼疑神。<br>《文選尤‧長楊賦》：焦弱侯曰，馳霄練於霜鐔，絢朝虹於壁渚，可想此文境界。<br>《文選尤‧雪賦》：縟翠蕚於詞峰，綷仙花於筆苑。<br>《新刊文選批評‧月賦》：煙含碧蓧，風起青瑣。<br>《文選集評‧文賦》：豔不傷雅，體致嶙嶙。珠胎瑩色，鳳采含姿。 |
| 音樂 | 《文選尤‧文賦》：此言文之始構，曲盡其妙。<br>《文選尤‧廣絕交論》：曲近世態。 |

〔註2〕　〔明〕王世貞：《弇州山人四部稿》，增補藝苑卮言卷之十一。
〔註3〕　〔明〕王世貞：《弇州山人四部稿》，卷一百三十一文部。

| 藝術門類 | 舉　　　　例 |
|---|---|
| 音樂 | 《文選尤・五等諸侯論》：雄奇古勁，美麗綿密。如黃鍾大呂，可薦郊廟。<br>《文選尤・辯命論》：有鏗然之韻，蒼然之色。<br>《文選尤・廣絕交論》：敘事豐贍而雜以議論，如五色相畫，八音諧暢。<br>《文選尤・辨亡論》：氣色高華，音韻調暢，其彩雲翔碧霄之上，霄韶舞空翠之間。<br>《文選集評・兩都賦序》：孫曰，節奏最渾妙，舒徐典潤，有自然之頓挫。蓋蘊藉深，故氣度閒。後世所謂廟堂冠冕皆從此出。<br>《文選集評・寡婦賦》：孫曰，曼聲柔調，宛是婦人口中語、意中事。<br>《文選集評・思玄賦》：何曰，忽作曼聲，又成促節以為收頓之勢，此音節之變化。（評點依據之原文：倚招搖攝提以低佪戮流兮，察二紀五緯之綢繆遹皇。偃蹇夭矯娩以連卷兮，雜沓叢顇颯以方驤。緎汩飂淚沛以罔象兮，爛漫麗靡藐以疊逖。淩驚雷之砊磕兮，弄狂電之淫裔。逾痝鴻於宕冥兮，貫倒景而高厲。）<br>《文選集評・洞簫賦》：邵曰，前用曼聲，後成促節，文意之妙亦與音律相終始。 |
| 園林 | 《文選集評・懷舊賦》：何曰，全是子期《思舊》，意序不及而賦過之，其秀在俯仰瞻眺間。 |
| 棋藝 | 《文選集評・吳都賦》：孫曰，是祖《上林賦》分出山水二大宗為棋盤。而以校獵為下棋，全在字句間用意，其繪寫景物煞有獨至處。大勢終未免渙漫，蓋步驟平子，而力量不及。 |
| 戲曲 | 《鼎雕評釋・東都賦》：「變文」<br>《鼎雕評釋・西京賦》：「戲」 |

援引其他藝術門類的語言對《文選》進行評點，前提在於評點者必須準確地把握文學和其他藝術門類的特徵，並且對彼此之間的關聯點和差異點有準確的判斷。也就是說，評點者必須熟諳它們可以實現互相轉換、互相闡釋的相通點。繪畫屬於視覺藝術，靠色彩和線條進行再現和表現。音樂屬於聽覺藝術，靠旋律和節奏表現感覺和情緒。園林屬於空間藝術，方位感和空間設置是核心。戲曲則是融合多種藝術表現形式的舞臺藝術，綜合了音樂、服裝、道具、舞美、表演等各種元素。拿繪畫來說，落實到具體的評點過程中，評點者主要借助人對物象色彩的先驗的認知能力，構建起一系列的想像色彩，再結合空間形態達成色彩感和畫面感。其他音樂、園林、戲曲等多種藝術語言的運用也都是借助人的經驗和想像搭建起各藝術門類之間互相闡釋、互相表現的橋梁。

上表的繪畫、音樂二門類的舉例部分被分為上下兩欄，分別對應著兩種

評點方式。前一欄中的例子皆是將文章撰寫這一藝術行為直接視為作畫、譜樂，自覺取消藝術門類之間的概念界限。而後一欄中的例子則是將繪畫、音樂中的藝術元素，包括色彩、線條，或者樂器、節奏，以及各種藝術元素綜合而成的畫面意境，融入評點語言之中，以藝術語言闡釋文學語言。這樣既利用不同藝術門類之間的相通點使得闡釋效果更活潑豐富，更有直觀性，又利用了不同點凸顯出的不能完全轉換和完全闡釋的距離感，來營造不同闡釋語言之間的拗折感，以此造成評點跳躍和峭拔的表現效果。這說明，評點者對其他藝術門類的熟諳已經使他們能將各藝術門類的相通點和差異點皆為我所用，共同服務於優化評點效果的藝術目標。

　　明朝當代就有不少文藝研究者和評論者打通各藝術門類，對作品作家進行綜合評判。《錄鬼簿續編》經常把戲曲的藝術成就與劇作家的詩詞、音樂、繪畫、書法等造詣打通敘述，重視劇作者的藝術修養。如稱讚邾仲誼「為文章，未嘗停思，八分書極高，善琴操，德隱語。」花士良「孫吳之書，樂府隱語，靡不究竟。善丹青，吹鳳簫，彈紫檀槽，歌《白苧》詞，萬其佳趣。」等。〔註4〕李開先以畫論詩，重視作詩者「感物造端」，「胸中備萬物」，〔註5〕強調詩人對於外在事物的感受。並以此理論參與關於《琵琶記》、《西廂記》、《拜月亭》的討論。吳承恩《序伎贈寫真李山人》一文詳細分析了李山人畫人像的三種境界，論述了繪畫藝術造詣由淺入深的不同階段，最高階段是「化境」。〔註6〕並將其與小說創作理論相結合。評點雖然因為隨筆性強而很難具有理論專著的體系性，但它本質上屬於闡釋性的文本研究。以上實例說明有明一朝的評點者以綜合眼光來進行藝術批評已是蔚然成風。

## 二、評點中的考據學

　　對於明代考據學，後世頗為詬病。明末清初的顧炎武就曾經引用王世貞的話談明人學風，指出明人三個毛病，喜歡推翻前說，不學，無行。〔註7〕其

---

〔註4〕〔明〕無名氏：《錄鬼簿續編》，《歷代戲曲目錄叢刊》第一冊（根據天一閣舊藏鈔本影印），揚州：廣陵書社，2009年版，頁126、136。

〔註5〕〔明〕李開先著、路工輯校：《李開先集·畫品序》，北京：中華書局1959年版，頁999。

〔註6〕〔明〕吳承恩著，劉修業輯校、劉懷玉箋校：《吳承恩詩文集箋校》，射陽先生存稿卷之三。上海：上海古籍出版社1991年版，頁181。

〔註7〕〔清〕顧炎武：《日知錄·朱子晚年定論》：「王尚書世貞發策謂：『今之學者，

實，明代學風「重在文藝切磋而不重學術研究」，〔註8〕而考據學的學科要求卻正是細緻精微的學術研究，這當然與明人的心性學風，乃至明代跳躍、活潑的時代特徵格格不入。所以明人考據學的不入流，歸根到底是時代與士風的不合作。

　　明代《文選》考據學自然也沒有得到清儒的認可。四庫館臣就將明代《文選》研究著作中的考據內容否定殆盡。之後的《文選》研究者皆承清人一路，對此或者輕視以致不提，或者簡單粗暴地予以否定。其實明代《文選》考據學有自己的特點。它沒有專書，考據內容皆與評點、刪注混爲一體，很大程度上是爲二者服務，或爲烘托評點效果，或爲闡述說明而設。因此學術性普遍不強，形式上也頗爲隨意，甚至不標出處的現象也很常見。現將明代《文選》學中的考據條目舉例、分類、列表說明如下：

| 類別 | 明代《文選》考據學中的類例 | 說　明 |
|---|---|---|
| 傳統形式的考據學條目 | 《新刊文選批評·蜀都賦》：漏江，今福建。金馬碧雞，今在雲南。《新刊文選批評·出師表》：楊升庵曰，孔明《出師表》今世所傳者本《三國志》。按古《文選》所載「先帝之靈」下「若無興德之言」六字，他本皆無於義，有缺當以古《文選》爲正。《鼎雕評釋·吳都賦》：唐順之曰，按《國語》夫差出軍舊制如此。《鼎雕評釋·北徵賦》：王愼中曰，「紛吾」二字本離騷。《選詩·補亡詩》：虞九章曰，詩或三章，或四章，故不言「六首」而言「六詩」。舊本無分析，殊昧作者之意。 | 左欄爲明代《文選》評點中較正統、較靠近清人考據學風格的考據條目舉例。以基礎性的地名、名物、作者考釋、古書辨析、用典出處、介紹背景爲主。大多點到爲止，技術含量不高，少有廣徵博引加鑑別考辨的學術探究過程。因此看起來只是普通的說明，且無創新，無甚深意。《文選章句·陶徵士誄》條雖然有廣徵博引之意，但只是羅列眾說，不抒己見，徵引只爲「錄備參考」之用，資料性強，而無甚創新性。《文選尤·甘泉賦》條解釋歷史背景，不點明所引典籍，只是以講故事的敘述方式講述大概，頗具野史意味，與考據的學術規範存在偏差。 |

偶有所窺，則欲盡發先儒之說而出其上；不學，則借一貫之言以文其陋；無行，則逃之性命之鄉，以便人不可詰。』此三言者盡當日之情事矣。」卷十八。

〔註8〕郭紹虞：《明代文學批評特徵》：「由西晉名士的狂放行爲，轉變爲東晉名士的風流態度，」《明代文人集團》：「重在文藝切磋而不重文藝研究」，「借了以文會友的題目，而集團生活卻只是文酒之宴、聲伎之好，品書評畫，此唱彼酬，成爲一時風氣。」收入《照隅室古典文學論集》上冊，上海：上海古籍出版社，1983年版，頁515、526。

| 類別 | 明代《文選》考據學中的類例 | 說　　明 |
|---|---|---|
| 傳統形式的考據學條目 | 《選詩·古詩十九首》：魏慶之曰，十九首非一人之詩也，《行行重行行》，樂府以爲枚乘作，則其他可知矣。<br>《文選章句·陶徵士誄》：羅列《晉書》、《南史》、葉左丞、吳仁傑、黃山谷眾家對陶淵明的名、字、號的多種說法，只爲「錄備參考」之用。<br>《文選尤·甘泉賦》：甘泉宮創於秦而漢武復爲增飾，非成帝所造，欲諫則非時，欲嘿則不能已，故推而言之。上比帝室紫宮，若曰此非人力之所爲。倘神可也。又是時趙昭儀大幸，每上甘泉，常法從在屬車間豹尾中，故雄言車騎之眾。又言屏玉女、卻虙妃，以微戒齊肅之事，賦成奏異焉。 | 這類傳統形式的考據學條目本來數量就不多，質量還不高，難怪爲清儒不屑。 |
| 存疑不究的考據學條目 | 《文選章句·答蘇武書》：是書壯麗流靡，劉知幾謂文體不類西漢人，定爲贗作，允矣。獨評遷史不當編入李傳。今李傳無是書，豈《史記》唐有別本耶？抑鳳閣誤記歟？<br>《重答劉秣陵詔書》：題云「重答劉秣陵書」，乃慨歎音徽，不聞伸難，感懷存歿，未見酬旨，且曰此君長逝，又曰其人已亡，既無重答之辭，復戾致書之體，蓋必欲報遺箚，先列小序焉，而編題既謬，注略不糾，何也？<br>《鼎雕評釋·洛神賦》：王世貞曰，「託微波」未詳其義，翰注：「假託微波以通言」，人亦不知何解。<br>《文選尤·上林賦》：賦上林而引異方之物，總見廣大無窮意，人皆以盧橘夏？爲長卿之謬，不知通篇皆虛詞。 | 左欄的考據條目乍看頗似清人考據一路，因爲具有大致的考辨過程和典籍徵引。但卻缺少考證結果，皆以學術存疑結束。<br>這是另外一類貌似清人考據，實質上卻距之甚遠的明人考據學條目。它們只是提出問題，卻沒有能力最終解決問題，羅列了材料卻無法推導出考證結果。但從另一個角度來看，存疑倒也是一種嚴肅認眞的科學態度。這也爲明人學風爲人詬病的學案提供了一個反例。<br>《上林賦》一條是對前說的辨誤，未實施考辨，而是以「通篇虛詞」之說簡單地否定，連存疑的姿態都沒有。應該說，這是背離考據謹嚴探究的學術態度的；但從另一方面來看，也折射出明人不執拗、不窮究、不苛責的遊戲態度，這與考據是兩種態度下的兩種解讀方式。 |
| 「有我之境」的考據學條目 | 《文選章句·陳情表》：楊用修證，引《釋藏》謂，「僞朝」本作「荒朝」，其曰僞者，蓋晉改之入史耳。夫然 | 清人考據學多面目肅整，較少個人感情色彩，表現形式也更客觀、更冷靜，就事論事，少有情緒渲染的 |

| 類別 | 明代《文選》考據學中的類例 | 說　明 |
|---|---|---|
| 「有我之境」的考據學條目 | 豈得議其篤孝而妨忠也。<br>《文選章句·漢高祖功臣頌》：晉灼、蘇林謂「抱兒」曰「擁樹」。應劭云：「樹，立也。」古者立乘侍，兩兒相擁立乃馳，寫行執具矣。<br>《選文選·子虛賦》：注「扶輿」為「扶楚王之車輿」，豈不可笑？<br>《選詩·短歌行》：楊慎曰，孟德詩云：「對酒當歌」，而杜子美云「玉佩仍當歌」。非杜子美一闡明之，讀者皆以「當歌」為「該當」之「當」矣。王世貞曰，《古樂府》「遠望可以當歸」，杜詩「當」字出此。用修語大憒而可笑。孟德正謂「遇酒」，卻「當歌」也，下云「人生幾何」可見矣。若作去聲有何趣味？<br>《蘇李詩》：王世貞曰，蘇子瞻謂李陵三章亦偽作，此兒童之見。夫工出意表，意寓法外。令曹氏父子猶難之，況他人乎？<br>譚元春曰：使是偽作，蘇李必是一手結構，一副光景。今蘇澹以悲，而李警以悲；蘇在格韻妙，而李在情意妙。自是兩人相對相贈之作，端明智慧。蓋古今不能不失此一言。 | 感性枝蔓。這種風格可稱為「無我之境」，更接近科學研究的物化思維和態度。反之，明人考據學語言活潑，思維跳躍，主觀性強，感情渲染隨處可見，乃六經注我式的「有我之境」，屬於更靠近藝術鑑賞的思維方式。<br>左欄中「有我之境」的示例或是將引注考據以情繼理地加上末句點評，或是將小學與評點結合，或以「豈不可笑」、「有何趣味」表達感情傾向。最後關於《選詩·蘇李詩》的兩條辨誤，前者從文風獨特，難以為繼的角度，後者從詩作結構、情懷相似的角度來證明蘇李詩非後人偽作。研究方法皆為感悟。無徵引、無考證，純是從風格、境界的揣摩入手，歸根到底還是從體察人情入手。<br>可以想見，這些考據條目如果在清儒那裡，應該不會在講清問題之後再拖上一條情緒化的尾巴。由此對比可見「有我之境」和「無我之境」的迥異面貌。 |

　　清人為考據而考據，明人考據為評點服務。清人的考據是目的，明人的考據是手段。基於此不同，衡量標準應該有別。前者以是否細緻精微，是否徵引廣博而準確，是否合乎學術規範為評價標準。後者能夠達到說明問題的水準就基本可以過關，最終評判準則也是以能否烘託評點效果為準。或者可以這樣說，明代《文選》研究者從出發點上就沒把考據當作學術來作，他們的目的是評點，只是在需要做背景闡述或提出質疑時，才將考據這個工具拈來一用以佐證評語。因此，考據在明人這裡所遵循的就是評點本身的遊戲性質，而非獨立的學術性質。

　　明代《文選》學中的考據部分只是《文選》研究的一個附屬成分，無論在篇幅上還是研究者的用力程度上都居於次要的地位。也就是說，明代《文

選》研究者在考據上下得功夫，無論從初衷上來看，還是從過程上來看，都遠不具有清代《文選》研究者的熱情和功力。既然二代研究者追求不同，我們就不應該拿一代之成就否定另一代。不然的話，是否我們也可以這樣說，考據本身就是一個工具，將工具作為目的的清人都是陷於窠臼的饾飣腐儒，將工具為我所用的明人才真正把握了考據的真諦？這兩種觀點當然都是極端的。歸謬法的不成立告訴我們，對明人評點中的考據內容不應該使用價值判斷，而應該以文學史、思想史的眼光將它作為一個審視一代學風、士風、世風的標本，這樣才能科學地利用這筆文化遺產。

## 三、八股思維

　　一個時代的教育制度及其相關的人才選拔制度，勢必對身處其中的讀書人的文學活動和思維方式產生潛移默化的影響。明代科舉制度及其要求的標準化文體——八股文的訓練和寫作，使得明代《文選》評點者一方面在古書批點中不可避免地留下八股痕迹，另一方面為了順應乃至迎合士子的應制要求，而有意識地將應制寫作的指導融入評點。

　　首先，最顯著也是最普遍的示例就是評點過程中的八股術語的運用。如《鼎雕評釋・西徵賦》：「起語似迂」和《新刊文選批評・侍宴遊苑送張徐州應詔詩》：「起好」重視起語。《新刊文選批評》中《王撫軍庾西陽集別作》之評語「結句梗」、《南州桓公九井作》之評語「結拙」和《贈從弟三首》之評語「末句佳」重視結語。這一類屬於散見於各處的分析文章某一部分的評語。發展到後來，出現了不少以八股術語分析文章段落乃至全文的現象，這在清人的集評本中最為常見。如《文選集評》中何焯評《上林賦》：「此賦以四大段立格雙撇齊楚，提出上林是起，次序上林之地是承，中言校獵之事是轉，末言天子之悔過以示諷諫是結。文之局極開，文之法極細。」評《雪賦》：「合觀全局，以梁王起，以相如承，以鄒生轉，以枚叟結，就相如一大段言之，以雪之名義起，以雪之緣始承，以雪之行狀轉，以雪之感興結。」前者是以八股結構「起承轉結」分析整篇《上林賦》的結構，後者則著眼於以人物帶動情節，以及文章線索的分析。「八股結構的一種說法是要有起承轉合。這個格式當然是古已有之，到八股才固定下來。」〔註9〕可見，八股是由文學史中

---

〔註9〕　金克木：《八股新論・八股文「體」》，收入啟功、張中行、金克木著：《說八股》，北京：中華書局，2000年版，頁106。本書所引《說八股》一書皆據這一版本，以下恕不贅述。

諸多體裁演變發展而來的格式，明清士子當然不是僅僅因爲誦習八股才具有解讀文章的習慣性眼光，但功利性的應試以及隨之而來的市場需要的確強化了這一解讀習慣。

如果說解讀眼光隨著日夜誦讀八股已經成爲習慣性心理，那麼以研究的態度對待文章中出現的八股元素就不能不說是一種自覺了。孫鑛在《吳都賦》中評曰：「此長對股創自太沖，唐人多仿之。雖亦宏麗，然力終覺弱，且勢亦拘而不跌宕。」「此處明是兩對股，然卻又不甚對。顧文勢不協，細看又非錯誤，似有意爲之，然要不爲佳。」「長對股」「兩對股」都是八股文體的要素，評點者首先在文章中敏銳地發現八股元素，繼而探尋追溯它們的起源、發展與影響，分析它們在歷代作品中的使用效果以及長處和局限。這樣系統性、研究性的評點已經不僅僅是隨感，更發展成爲研究文學形式的文學史意識。

以上討論的情況是評點者對於八股元素的發現、指明並深入思考的過程。還有一種更隱蔽的情況，即文章中並沒有出現明顯的八股元素，是評點者的八股思維促使他們做出八股味道濃重的評語。這首先體現在對文章結構的重視上。八股文體本身就充分體現了結構的技巧。其基本形式所謂「破承起講，提比後比」、「起承轉結」所講得都是結構和各元素之間的關係以及元素間的各種組合。有一類評語將文章按文脈發展分成自然段落，每段的評語如同分段寫段意，就是從結構著眼，將文章的各層意思作爲相對獨立的結構元素，再放入文脈鏈條中，以元素間的勾連凸顯文章框架。這在實質上與八股文體寫作的文章構建是相通的。如《別賦》通篇評語爲：「富而別、俠而別、戎而別，使而別、愛而別、仙而別。」《西都賦》通篇評語爲：「西都形勝、建都之由、城中市井人物、山林土產、甘泉、田畝、通流、園池鳥獸、未央宮、後宮、左右臣僚、文臣、武臣、建章宮、武帝求仙之事、上林田獵、遊觀、畫出太平。」皆爲此例。

其次，體現在對偶句式的運用上。八股文體中的「八比」部分要求用對偶句式。「八股對偶相當靈活，可以嚴整也可以隨意，可以兩兩相對，也可以三、四、五不等的句子或句子群爲對偶句組。八股文對偶句往往故意用重複的字眼，許多出句與對句之間往往故意以略有變化的重複來加強句意，這種語體淵源正是《四書》文體。八股的對偶常有三段句子相對並列，可稱三股，《四書》早有此例。這種修辭手法大致兼對偶與排比爲一身，讀起來往往會

覺得囉嗦，表達笨拙而重複，其實這正是當時士子有意的追求。『囉嗦』得古樸而有風味，讀似迴環往復的詠歎調。」〔註 10〕明代《文選》評點中多見類似風格的對偶句式。如《新刊文選批評・短歌行》之評語：「唯有杜康不成語，雜用舊詩不成調，末用周公不成理。」就同時具備明代八股文體寫作中的三句爲對、對偶排比、突出重複、迴環往復等諸多特徵。

　　再次，體現在八股「代言」特徵對評點語氣的影響上。「八股是代言的應對，應對的代言，所以可以說是傳統古代文體的極致。句句是自己說，又句句是替別人說；彷彿是自己說，實在是對別人說，特別是對在上者說；這就是奧妙。」〔註 11〕「清代學者焦循曾把科舉八股比作演戲，又有一個士子作不好八股，有一位老師給他一本《牡丹亭》劇本看，於是他作的八股水平大大的提高。因爲戲劇臺詞，都要深刻表現劇中人物的性格，正和作八股代聖賢立言的道理一樣。」〔註 12〕評點這一形式本身就是隨文而生、隨情而發，與詩文情緒同步，很容易站在其中人物的立場爲之代言。應該說，詩文評點的代言現象不如小說、戲劇評點這麼普遍，因爲從體裁特徵來看，小說、戲劇會更彰顯人物活動，更容易引發對人物的感受。但另一方面，詩文的眞實性又能使評點者更直接地觸摸到主人公——詩文作者的內心世界，因此代言現象也不少見。如《文選章句・離騷》之評語：「濁世哲王先民固辯之矣，吾曷辯焉？」就是模仿屈原的口氣點出鬱悶心結。

　　最後，表現在對文法邏輯的重視上。喜歡講法論訣是評點本從宋代就開始的一個特徵。南宋的一些評點本，包括劉辰翁的一系列本子，以及呂祖謙《古文關鍵》、謝枋得《文章軌範》、眞德秀《文章正宗》等廣爲流傳的評點本，都曾下大力氣細解作文之法，明代評點本承此特徵，一直到評點大家孫鑛，一路發揚光大。這一點歸根到底還是從指導舉子應試出發。正如王守仁在《重刻文章軌範序》中所言：「宋謝枋得氏取古文之有資於場屋者，自漢迄宋凡六十有九篇，標揭其篇章句字之法，名之曰《文章軌範》。蓋古文之奧不

〔註 10〕 吳承學：《明代八股文文體研究的幾個問題》，收入陳平原、王德威、商偉主編：《晚明與晚清：歷史傳承與文化創新》。武漢：湖北教育出版社，2000 年版，頁 513。
〔註 11〕 金克木：《八股新論・〈四書〉顯「晦」》，收入啓功、張中行、金克木著：《說八股》，頁 151。
〔註 12〕 啓功：《說八股・八股的基本技巧和苛刻的條件》，收入啓功、張中行、金克木著《說八股》，頁 27。

止於是，是獨爲舉業者設耳。世之學者傳習已久。」﹝註13﹞明代《文選》評點也未出這一套路。爲了使讀者能夠對文章結構和技巧有一個形象的理解，並將其作爲作文圭臬，就給文章中的各種內部聯繫冠名爲「某某法」，然後分析點評。從評點效果上來看，頗具理論性和秩序感，同時便於讀者把握和記憶。明代《文選》評點本中的文法內容存在兩種不同卻並存的解讀方式，具體例子和說明列表如下：

| | 舉　　例 | 說　明 |
|---|---|---|
| 分析之法 | 《文選尤·上林賦》：<br>起下宮室意乃承上啓下之詞。<br>《文選後集·上書秦始皇》<br>唐荊川曰，設喻四轉，初終兩順，中兩逆，變換奪目。<br>《選詩·古詩十九首》：<br>鍾惺曰，二語似只是「思君令人老」五字意，然單存「思君令人老」而去此二語，不得此古詩之妙。難言難言。<br>鍾惺曰，此首「明月」八句爲一段，「昔我」四句爲一段，「南箕」四句爲一段，似各不相蒙，而可以相接利落，顛倒意法，別有神理。<br>《鼎雕評釋·過秦論》：<br>茅坤曰，漢事爲主，秦事爲客，故先提漢以起秦方因奉而說入漢。此首擊尾應之法。 | 這一類是對於文章內部元素及其彼此關聯的分析之法，是細線條的。風格上頗似中國畫的寫實一派，現代特徵比較濃重，有西方實驗派方法的味道。 |
| 感悟之法 | 《文選尤·子虛賦》：<br>布置如疊嶂層巒，又如龍蟠偉踞。<br>文錦千尺，絲理秩然。<br>《文選尤·過秦論》：行文有法度，議論根義理，詞氣開闔起伏。<br>《文選後集·上書秦始皇》<br>吳明卿曰，以「客何負於秦」一句結，有干將水斷陸截氣，而又用「向使」一跌尤如勁風之衰而復起。 | 這一類是中國傳統詩論中重意會的感悟之法，多以比喻表現藝術形象，風格頗似中國畫的寫意一派，是對從《滄浪詩話》就形成的「妙悟」一派詩論的傳承。 |

此外，受明代復古思潮的影響，論法的同時還不忘點明古之法勝於今之法，同爲古之法還要盡力取法乎上。以《文選後集》一書爲例，《上書秦始

---

﹝註13﹞〔南宋〕謝枋得：《文章軌範》，鄭州：中州古籍出版社，1991年版（據1936年北新書局本影印，底本爲光緒九年刊本）。

皇》中李夢陽的評語就著重指出「先秦家法」而倍加推崇。《獄中上書自明》中茅鹿門之評：「此等家數惟西漢有之，東京以下無有。」和《上書諫吳王》之評：「漢文之佳者大似子書，吾以爲讀漢書不如讀子書，此尤取法乎上之說矣。」認爲東漢不如西漢，漢書不如子書，文以代降、揚古抑今的思想很是顯著。

## 四、史學眼光

　　評點形式是短小精練的，但並不因此缺乏思想的深度和恢宏的格局。明代《文選》評點者評論人物、情節的歷史眼光和評論文學元素的文學史眼光，都使得評語跳出形式之囿，在時空坐標中實現點向面的跨越。

　　一般散文評點會關注於文章元素，如語言、結構等等。虛構的敘事文學——包括小說、戲劇的評點——則會關注人物和情節。散文評點也關注人物和情節，說明不同體裁的文學作品在評點大潮中，共同使用這種解讀和傳播手法時的交叉影響，同時也顯示出評點這一文本闡釋方式自身的靈活性和包容性。散文評點關注的人物主要是作者，即散文的主人公，而非小說、戲劇中的虛構人物。如《新刊文選批評・長門賦》一文的篇首評點「買寵文章豈是丈夫手筆」就是指向作者司馬相如。《文選後集・與山巨源絕交書》一文的篇首評點「榴塵龍性，厭薄時事，故其言矯矯不在人群。」是指作者嵇康。所以散文評點的人物評論最終落實爲歷史評論。也就是說，散文評點是借由評論人物來重現或者探究歷史，立足於眞實，有文學考據的意味。小說、戲劇評點則是借論人物來論作品，立足於藝術，是文學鑒賞。評點這一解讀方式因爲服務對象的文學體裁不同而呈現不同的面貌。

　　雖然都屬於評點本，因爲各具特徵，各本的史學眼光也面目各異。如《鼎雕評釋》和《文選後集》屬於集評本。而《文選章句》則屬於考據性比較強的評點本。

　　集評本是評點本發展到一定階段的產物，是評點者（更多的時候是出版者）將多個評點者對同一部作品的評點彙輯爲一書付梓。方便讀者在同一版本的閱讀中掌握更大的信息量，也有利於面對同一篇作品或同一個問題的不同思想的碰撞。雖然是評點本，也具有很強的資料性。比如在《鼎雕評釋》本中，同樣是評論《陳情表》作者李密先仕蜀漢，後仕西晉一事，觀點迥異。評點者鄒守益曰：「密本蜀人，先主帝室之胄，紹漢正統，名正言順，非曹操

漢賊之比，密又在孝子順孫之列，國亡歸晉，尤當不忘舊君，何忍自撚匈（？）爲僞朝乎，予每讀此，每爲之不滿惜哉！」另一評點者林希元則曰：「僞朝之語甚爲人所病，然其時邪正未明，無足怪也。」前者從封建正統的觀點出發，譴責李密失節，爲其行徑和出身之間的陡轉而痛心。後者態度則溫和得多，雖有爲李密開脫之意，但體察人情，見識通達而寬容。並列這兩種在價值觀上截然相反的觀點，明代思想活躍，衝擊正統觀點之處可見一斑。再如《文選後集‧薦禰衡表》中並列兩種觀點。評點者張鳳翼曰：「文舉與正平自相標榜，故力薦之，然正平時一藻饋之士，無裨世用，倘果如文舉薦章，何後率草草無成，竟弊於江夏守也。」唐荊川則曰：「賈誼終軍皆大言無當者，文舉志廣才疏，故慕二子且不度正平之才，而妄爲之譽也。」面對相同的人物關係——文舉與正平的舉薦與被薦，或認爲是正平不才，或認爲是文舉過譽，並各自據此暗示正平悲劇結局的深層原因。從以上事例可以看出，集評本集合各家觀點的現象表現出大眾文化讀本的性質——從讀者角度出發，提供多種信息供讀者鑒別選擇。應該說，集評本集眾家評點於一書的編排形式使這種意圖得以實現。集評本在晚明乃至清初大量湧現，這段時間是評點極盛之時，集評本是評點發展到極盛的產物，也是以市場即讀者爲終極出版目標的產物，標誌著評點由評點者的自娛自樂完全轉化爲市場行爲。

　　至於《文選章句》，是眾評點本中考據意味最重的一本，雖然其考據部分大多爲評點服務，但著述思維和表達方式都比其他評點本更細緻精微，研究性更強，主觀性更弱。簡言之，整體風格是考據的態度加評點的形式。而考據的態度主要表現爲立足文本，從邏輯上推理，從文脈中把握，而非傳統考據學的廣徵博引。如對楊雄《劇秦美新》一文的評論就是很好的說明。歷代對楊雄頌揚王莽新朝頗爲詬病。眾評點本評到此篇也多作不屑。郭正域《新刊文選批評》一書就明言：「子云以此一篇文壞了一生人品。」而陳與郊卻另有看法：「洪景廬謂子雲遭王莽之變，託身下位，抱道沒齒，正與晏子同科。世儒以《劇秦美新》病之，殆未察夫子云者也，一美一劇其深意固可知矣。序言「聖五帝、冠三王」直戲莽耳。使誠獻佞以邀爵祿必且顯爲國師，豈固窮若此哉？此爲子雲澡雪足破千古。夫媚主而曰『優於桀紂』，譽人而曰『賢於蹻跖』。頌耶？誚耶？讀者宜致思焉。」陳與郊用考據家的眼光從字裏行間推出誚意，認爲子雲非美新，而是對王莽新朝明褒實貶。整段評論不是借用外部徵引來解決問題，而是立足文本，從內部解構成說，實際上是一種症候式的現代解讀方式。

　　明代《文選》研究者在評論文章的人物、情節方面，以歷史的眼光分析、感悟人物命運和歷史規律。在評論文章的文學元素方面，以文學史的眼光來把握文學的發展，表現爲三點，源頭崇拜、關注文體以反駁成說三點。

　　明代《文選》評點者的源頭崇拜意識很強烈，他們普遍將《三百篇》、屈宋定爲文學史的源頭，並作爲後世文學作品的衡量準則。這種思想使評點者在評點過程中樂於追溯和點明某一類文學作品的開山之作，並與後世作品進行比較。如《新刊文選批評・答客難》之評：「東方生號吏隱，以此自解，亦沉淪之感乎？自揚雄《祖述》一篇，遂爲後世寫意者濫觴。」《鼎雕評釋・離騷》中劉知幾之評：「白戰國以下詞人屬文皆爲立客主假相酬答，至於屈原《離騷》稱『遇漁父於江渚』，宋玉《高唐》、《神女》閒湯臺。夫言並文章句結音韻以茲敘事，足驗憑虛。」又如《選詩・范安成詩》中鍾惺之評：「說得心魂悄然。老杜『落月楓林關塞』等語皆從此出。」《鼎雕評釋・湘君》中何景明之評：「『採薜荔』一句有點綴風景之妙，唐人作詩多模擬諸此。」前二者是對文章，後二者是對文句追溯源流。說明評點者無論從整體還是局部都有意識地運用這種研究方式。

　　源頭崇拜的思想應該與明代復古思潮有很大的關係。復古派提出「文必秦漢，詩必盛唐」，只是概括而言，實際上他們提倡四言詩要學《詩經》，古詩要學漢、魏，只有近體才學盛唐各家。他們推崇漢、魏、盛唐的作品，而對中唐以後的詩尤其是宋後之詩橫加貶抑。加之評點形式本身的簡短和隨意性，很多將後世作品和源頭相比較的評語都會流露出強烈的否定前者和推崇後者的情緒，如《新刊文選批評・神女賦》言：「屈宋二家神貫乎辭，後代作者不及也。」《選詩・短歌行》中鍾惺言：「四言至此出脫《三百篇》殆盡，此其心手不黏帶處。『青青子衿』二句、『呦呦鹿鳴』四句，全寫《三百篇》而畢竟一毫不似，其妙難言。」有時對後世作品的否定多少有些偏執和簡單粗暴。如《文選尤・九歌》之評曰：「簡峻微婉，《三百篇》以下絕調，後人蹈襲可厭。」甚至一些名篇，如六朝作品，只因去源頭已遠，也要受到指謫。如《鼎雕評釋・雪賦》說《雪》、《月》二賦「去屈宋已遠，姑存以爲之，隁下此無稱矣。」

　　文體是文學語言的承載形式，整個文學史就是各種文體產生發展的歷史。所以關注文體必須具有文學史的眼光。明代《文選》評點者從文體的特徵、表現形式、敘述方式、寫作技巧等多角度出發把握文體，進而通過評點展示文學史的脈動。

　　《文選尤》中《四子講德論》之評語曰：「雖論也宜入符命中，文字散緩。」注意到了「論」與「符命」這兩個文體的特徵，在此基礎上關注和把握二者的相通之處。《齊故安陸昭王碑文》的評語「今人作碑前序，惟用傳體矣。六代敘事用俳語在罕譬生姿。」則注意到不同文體在表現同一體裁時的不同效果。《選詩‧登池上樓》中李東陽的評語：「古不可涉律，古涉律調如謝靈運『池塘生春草』、『紅藥當階翻』，雖一時傳頌，故已移於流俗而不自覺。」通過點出古體和律體的不可相通之處來指明不同體裁的特徵，顯示自己的文學主張。以上三例都是從把握文體特徵出發，將相關文體進行比較，研究文體之間或相似相通，或相異相斥的關係。並能聯繫作品進行分析說明。

　　《新刊批評》中的文體批評如「歌行須婉不宜直致。」（《吳趨行》）和「文簡章盡，筆力高雅，作史論者即是此法。」（《公孫弘傳贊》）都是從文體風格出發，對具體文體的寫作技巧有清醒的認識。前面幾章已經充分論述過，明代評點尤其是文章評點的初衷大多是為指導科考寫作，明代科舉考試科目的設置也與文體寫作緊密相關，因此對文體特徵的把握以及在此基礎上對文體寫作的訓練就成為評點者有意識的傾向。這種現象一直持續到清代，清本《文選集評》還彙輯了從明至清的諸多評點者指導寫作技巧的評語。像《射雉賦》中陳尹梅這樣的評語就隨處可見：「題面極仄，必須細細分出，方非一寫徑盡。古來名手擅場，必以此法。然後能窮盡物情也。然刻畫中貌易神難，須看其栩栩生動。一邊寫物，一邊寫人。可謂精能之至。」

　　最後需要注意一點，《選詩‧幽憤詩》中譚元春的評語：「似自狀、似年譜，歷敘得妙，引咎得妙。」由純粹地關注文體，到將文體作為敘述方式來審視，是文體意識的深化。

　　明代《文選》評點者在評點過程中，對待一些文學史長期關注、探討並形成公論的問題不可避免地要發表自己的見解。六朝文學之論就是顯著的一例。世人論六朝文學，多認為六朝侈靡，頗為詬病。明代《文選》評點者卻多認為固然六朝文字多藻飾雕琢，講究音律，但是自有其歷史厚度，不少形式技巧值得後世學習借鑒。有些文體的寫作在文學史上具有不可替代的地位。以郭正域《新刊文選批評》為例，就多次為六朝文學抱不平。《為范尚書讓吏部封侯第一表》評曰：「譬之鼎文雖刻畫有章，而隱隱蒼然色，安得以綺麗並齊梁也。」《奏彈曹景宗》評曰：「人但知六朝文字俳，不知其俳處，卻警嚴得力又俊逸可誦，學四六者祖六朝可也。」《陽給事誄》評曰：「今人但

法漢文，不知表、牋、銘、誄還當法六朝。」六朝文學受後世詬病是文學史上的一個公案，明人敢於多次爲其翻案，不固守成說的獨立思考精神固然可嘉，但也與明人文風、世風好奇求異，明代藝術風格喜繁複雕琢有關。

# 第二節　明代《文選》評點的表現手法

明代《文選》評點的表現手法多樣，語言搖曳多姿。現擇其較常見三種，分析品味。

## 一、比較手法

明代《文選》評點大量運用比較的手法對作家作品、文學元素等進行比照分析，突破了單一的點的解讀，實現了類的對比和深入研究。以下就這一手法的具體運用分類舉例列表說明：

| | 舉　例 | 說　明 |
|---|---|---|
| 作家比較 | 《文選尤·甘泉賦》<br>楊升庵曰賦家往往鋪張數段，以示開闔之氣。寫就奇字警語，層見疊出，獨相如子雲耳，孟堅輩不免填塞。<br>句法酷似相如。<br>《選詩·咏史八首》<br>鐘惺曰太沖筆舌靈動，遠出潘陸，一使潘陸作《三都賦》，有其才決不能有其情思。 | 作家之間的比較多集中于相同題材創作的高下之分。左欄舉例皆是。<br>其中不少評語回應前代經典評論。如《新刊文選批評》中《游仙詩七首》之評：「景純自傷坎坷，不成匡濟，寓于懷仙，用以寫鬱。《詩品》乃識其無列仙之趣，此以辭害意也。」認爲郭璞借游仙寫身世，以此批評《詩品》未察其義。<br>《贈五官中郎將四首》之評：「《詩品》謂氣過其文，雅潤似少，觀此信然。」則持支持的態度。說明明代《文選》的評點實踐不完全是隨心所欲，還是重視前代經典詩文評論的。 |
| 作品比較 | 《文選集評·兩都賦》<br>孫礦曰孟堅《兩都》正行，平子複構此，明是欲出其上，逐句琢磨，逐節鍛煉，比孟堅較深沉，是子雲一派格調。中間佳處盡多，第微傷煩，便覺神氣不貫。若兩篇開首議論處則豐骨蒼然，寄濃腴于古峭，絕不易得。<br>《選文選·魯靈光殿賦》 | 有關作品比較的評語大都不是泛泛而談，而是深入到文章內部元素的層面，從結構、文脈、風格、表現手法、行文特徵等各個方面入手進行比較，之後還要定高下、述局限、揚長處。這一類評語一般較長，很像一篇微型的評論文章，說明評點者是自覺地運用這一手法來表達自己對詩文的理解深度的。 |

| | | |
|---|---|---|
| | 靈光賦幽遂今出即羞澀其怪麗可知，固非平叔《景福》所能及也，然《景福》亦自秩。然顧爲《靈光》難，爲《景福》易。蓋彼乃帝制，便于鋪張。且前有《文考》，足昭軌步故也。此作一覽可盡，譬喻煩多，則本其才不逮王。 | |
| 風格比較 | 《文選集評·南都賦》<br>孫鑛曰規矩準繩之文，逐節敘去，儘工細第，逐段稍拘。未極宏肆之致，意態不踴躍。<br>《文選集評·三都賦》<br>何焯曰太沖意致綿密，异于班張。然思愈周則力愈緩，氣愈斂則格愈平。至其典確徵實爲前人所難，故足多也。<br>《文選集評·吳都賦》<br>孫鑛曰蜀都精密，吳都宏博，《魏都》雖功利而用心較苦。太沖筆力非但不及班張，似猶在安仁之下。惟只苦心琢練，字爭奇，句爭巧，暨後湊合成章，遂文彩爛然。其味態儘濃腴第骨力未強。無驅運跌宕之勢。<br>《選文選·東京賦》<br>平子後出，故得據班作而極力擴張，觀《明堂》、《郊祀》等意，孟堅只以數言該之，而平子遂各衍成一段，乃知創格自難。不敢謂兩都之遂可勝也，大抵班無心故舒卷自如，張有意故蔓延不已。則一則流麗，一則博詭。其長自有難以相掩者。<br>《選文選·甘泉賦》<br>楊有意，馬無意，其優劣亦較然也。此賦直是詭麗，《羽獵》、《長楊》俱不及也。 | 有關風格比較的評語有兩點特徵值得注意。一是明代《文選》評點者對風格的評述都是建立在對作品的分析之上的，而且大多數的分析還是能夠做到深入和客觀的。如左欄舉例從作家的思維方式、功力深淺、行文習慣到作品的氣格、典徵，全方位的解剖分析之後才得出結論。這說明評點者是言之有物、言之有據的。所以不能以學風粗疏的論調一以蓋之。不能說只有徵引考據才叫不粗疏，深入細緻地分析文本、有理有據地評論卻叫粗疏。歸根結底，這還是一種研究方式對另一種研究方式的輕視和壓制。<br>二是這些風格比較的評語以對詩文風格的臧否傳遞時代的審美傾向。如不喜規矩、內斂、平緩；推崇以骨力、灑脫之內力駕馭文字，不屑煉字之苦吟，因此以刻意與否作爲評價風格的準繩。有時表面上不言優劣，潛臺詞卻以瀟灑自如、游刃有餘之作爲上，重才氣天成而輕後天力致。應該說，這不僅僅表達了明代士子對文人爲文的要求，更是時代特徵對文人審美判斷的影響。明人爲人爲文的好奇、游戲、逞才、灑脫之風可見一斑。 |
| 同一作者運用不同體裁 | 《選文選·射雉賦》<br>安仁之文蓋勝其詩。<br>《選文選·赭白馬賦》<br>延年之文亦非詩所及。<br>《選詩·夜發新林至京邑》<br>王世貞曰：「靈運語俳而氣古，玄輝調俳而氣今。」 | 注意到同一作家對不同體裁的運用和駕馭，也注意到這種運用的靈活與變化，即藝術性地打破某一體裁與其體裁特徵、寫作技巧之間的必然聯繫，故意進行錯位搭配，以得到拗折的藝術效果。 |

| 的比較 | | |
|---|---|---|
| 題材比較 | 《選詩・招隱詩二首》<br>鐘惺曰咏史存事卻入情，招隱在趣卻入理。所以深妙而遠。<br>《選詩・山還望京邑》<br>鐘惺曰右丞以田園作應制語，玄輝以山水作都邑詩，非惟不墮清寒，愈見曠逸。 | 有關題材的評語與有關體裁的評語在拗折題材固有的表現手法這一點上，很是相似。這說明評點者觀察地細緻精微，又是一例「明人學風粗疏」之說的反例。 |
| 古今比較 | 《選詩・咏史八首》<br>鐘惺曰古人咏史，不指定一事，寫意而已。今人寫意，靠定用事。 | 古今比較的評語僅此一例就可以看出明代復古思潮的影響。明代《文選》評點本中有關古今比較的評語絕大多數都是揚古抑今的。 |

結合表格可以看出，這種比較的思維方式代表融會貫通、觸類旁通的綜合性眼光。評語形式短小隨文，容易陷入就事論事的窠臼，有深度沒廣度，就某一點深入卻缺乏大的視野。比較手法的運用使得相同內容裏可以容納兩個以上的參與元素，這無疑擴大了評語內部的張力，在表達效果上較之就事論事更見參差有致。

## 二、語言藝術

評點是語言的藝術，因爲它形式自由，包容性很強，各種文字技巧以及相應的風格都可以隨意發揮，所以分析語言是研究評點及其審美表現的重要途徑。

明代《文選》評點屬詩文評點，評點對象的體裁不同使得評點語言的風格會有不同。詩文評點與小說、戲劇評點就有不小的差別。後者的重心是人物、情節的分析，所以對事物的描述就成爲語言運用的目的，相形之下語言的技巧反而不那麼重要了。而詩文評點中對藝術元素的分析比重較大，對語言的配合與斟酌的要求會更高，所以值得分析的語言現象也就更多。明代《文選》評點的語言風格主要體現爲以下幾點：

第一，「A 而不 B 式」的構詞方法。

如《文選尤》中《長楊賦》之評語：「近而不迂，切而不浮，忠而不激。」《文賦》之評語：「艷不傷雅。」《新刊文選批評・兩都賦序》之評語：「此賦宏博而不纖巧，瑰瑋而不奇僻。」皆爲此類。這一類評語遵循的語言結構方

式都是「A 而不 B 式」：在邏輯組合上分前後兩個部分，前半部分 A 和後半部分 B 呈現一定的反義關係，肯定 A 就是否定 B，A 的肯定和 B 的否定（不 B）疊加表示強調，情緒性和表現力更強烈。如「近而不迂」一句，「近」和「迂」反義，那麼「近」和「不迂」同義，二者疊加表示強調。「艷不傷雅」中「艷」、「雅」反義，「艷」、「不傷雅」同義，同義疊加渲染情緒。另一方面，A 和 B 之間又不是完全相等的反義關係，後者還有前者所不能涵蓋的意義，如「迂」除了表示與「近」相對的「遠」意之外，還有不直接、回環之意。因此「不 B」部分較之 A 部分蘊含了更多的信息量，也相應地包含了更多的審美要求。較之只說 A，要求得更具體，表現得更豐滿，起到補充說明、情緒中和的作用。這種思維方式傳達和彰顯得是中庸的美學思想和審美標準。在個體的語言結構之中以形式上的拗折表現內容上的強調，突出二者之間的張力。

第二，《滄浪詩話》的影響。

用一些只可意會的比喻來表達文學感受，注重形象思維，追求一種只可意會不可言傳的藝術境界。嚴羽以禪論詩，重在「妙悟」：「大抵禪道惟在妙悟，詩道亦在妙悟。且孟襄陽學力下韓退之遠甚，而其詩獨出退之之上者，一味妙悟而已。惟悟乃為當行，乃為本色。」「夫詩有別材，非關書也；詩有別趣，非關理也。然非多讀書、多窮理，則不能極其至。所謂不涉理路、不落言筌者上也。詩者，吟咏情性也。盛唐諸人惟在興趣。羚羊挂角，無迹可求。故其妙處透徹玲瓏，不可湊泊，如空中之音，相中之色，水中之月，鏡中之象，言有盡而意無窮。」〔註14〕這些觀點和表述都具有禪宗的玄妙意味，重感覺輕分析，與明代《文選》評點的語言風格很是相近。來看《文選尤·上林賦》之評語：「肆意出之，有奇有華，如一天星斗，盤旋筆下。」《鼎雕評釋·吳都賦》中楊慎之評語：「『天吳陽侯』句用一『揖』字玩其義，如江妃鳴珮，可望而不可即，亦極天巧矣。」風格皆承嚴羽一路。這種語言風格與明人的讀書習慣也大有關係，明人好讀書不求甚解，亦重感悟，自然對「妙悟」之法頗多青睞。另一方面，從評點的文體特徵來看，評點隨文點評，即使有實驗性的分析方法，也是以悟為先，所以契合「妙悟」之法。再往更深一層看，嚴羽的觀點建立在唐詩與宋詩風格比較的基礎上，認為前者重興趣，後者重理趣。重禪意與意會的審美思想當然更傾向于唐詩風格。也就是說，

---

〔註14〕〔宋〕嚴羽著，郭紹虞校釋：《滄浪詩話校釋詩辨》，北京：人民文學出版社，1961 年版，頁 12、26。

詩歌解讀的「妙悟」之法和詩歌創作的「羚羊挂角」之法，以及唐詩風格這三者是一脈相承的。因此，明代《文選》評點語言的「嚴羽化」說到底是評點者對唐詩以及相應的文學風格的推崇。而這種推崇是與明代復古思潮中「詩必盛唐」之說密切相關的。

第三、具有清言小品的風格。

清言小品是流行于晚明時代的一種格言式的文學樣式。「晚明時代，清言不僅是文人雅士清遠玄逸的口頭語言，而且也是一種精緻而優美的格言式小品類型。……『務講禪宗』和『矯言幽尚』是清言主要的思想內容特徵。」〔註15〕《四庫全書總目·〈爨下語〉提要》專門就清言的語言風格有所提點：「每條俱以偶語聯筆成文，頗似格言而多雜以委巷之語。」〔註16〕指明對偶、短小、警示性、多俗語是其主要風格。應該說這與明代《文選》評點的語言風格很是相合。請看以下舉例對比的列表：

| 明代清言小品語言風格舉例 | 明代《文選》評點語言風格舉例 |
|---|---|
| 徐學謨《歸有園塵談》：「淫奔之婦，矯而爲尼；熱中之夫，激而入道。」 | 《新刊文選批評·洛神賦》：緣想成夢，緣夢成文，終是業念。 |
| 《小窗自紀》：「山上須泉，徑中須竹，讀史不可無酒，談禪不可無美人。」 | 《文選尤·辨亡論》：氣色高華，音韵調暢，其彩雲翔碧霄之上，霄韶舞空翠之間。 |
| 《菜根譚》：「居軒冕之中，不可無山林的氣味；處林泉之下，須要懷廊廟的經綸。」 | 《文選尤·魯靈光殿賦》：雄竦陸離，丹霞飛華頂之峰；接天峻拔，紫霧鎖方瀛之路。 |
| 《菜根譚》：苦心中常得悅心之趣，得意時便生失意之悲。 | 《新刊文選批評·別賦》題下評語：「文通數百言不爲多，陽關二十八字不爲少。」《文選尤·長楊賦》：焦弱侯曰，馳霄練于霜鐔，絢朝虹于璧渚，可想此文境界。《文選尤·雪賦》：縟翠蕚于詞峰，綷仙花于筆苑。《文選尤·月賦》：烟含碧蘚，風起青瑣。 |
| 《菜根譚》：有一念而犯鬼神之忌，一言而傷天地之和，一事而釀子孫之禍者，最宜切戒。 | 《新刊文選批評·短歌行》：「唯有杜康不成語，雜用舊詩不成調，末用周公不成理。」 |

〔註15〕 吳承學：《論晚明清言》，《文學評論》，1997 年第 4 期，第 130 頁。
〔註16〕 〔清〕永瑢等撰：《四庫全書總目》，卷一百二十五，子部三十五雜家類存目二，北京：中華書局 1965 年版。

從上表可見，《四庫全書總目・〈爨下語〉提要》中所提點的清言的語言風格，在明代《文選》評點的語言風格中都有類似的表現。就對偶來說，四言、六言、七言、八言、九言、雜言都有。就多俗語〔註17〕來看，都不乏市井智慧和平民哲學的意味。形式和內容上都類似格言，以容易記誦的語言組合方式深入淺出地解釋人生道理。應該說，這種語言風格與晚明士子喜清談、喜玄逸的生活方式有很大關係，不能完全歸結爲一種文學形式對另一種文學形式的影響。我們很難界定這兩個文學樣式的出現孰先孰後，而且這種界定本身也未必具有多大的意義。況且清言是在對偶聯文的基礎上產生的，這一特徵又構成它與明代《文選》評點語言風格的主要交叉點。因此似乎更應該說是對偶這一表現手法的運用導致了二者風格的近似，那麼，自然而然又引出教育制度、選拔機制（科舉應試）影響文學表現的命題。因此，面對一個跳躍而多變的時代，以及其中糾纏相生、錯綜盤旋的諸多文學表現，牽強地劃定先後、鑒別源流，一定要說誰影響了誰，誰接受了誰的影響，都多少落入爲研究而研究的偏執。複雜乃至混亂時代的文學特徵更多表現爲不清晰，文學研究的任務是順其自然地吃透「不清晰」的深層原因和表現，而不是非要生硬地把「不清晰」解讀成「清晰」。所以關于這一語言風格的表述，筆者只說「具有清言小品的風格」，而不說「受到清言小品的影響」。

第四，重視煉字。

評點內容中處處可見對詩文用字的分析。如《文選尤・西陵遇風獻康樂五首》之評：「『漾舟陶嘉月』，陶字奇。『積素惑原疇』，惑字更奇。」《鼎雕評釋》王維禎之評：「飲羽字法奇。」《選詩》鐘惺之評：「善下虛字有趣有力。又曰『望昏』二字盡景，『慚歡』二字盡情。」《文選尤・甘泉賦》之評：「此賦煉字、煉句、煉詞，離奇變化，燁燁煌煌。」等等。這種煉字式的評點方法運用普遍，一是因爲評點本身的隨文的體裁特徵，亦步亦趨地解讀文本使得評點者能夠隨時發現細小的閃光點並加以分析解讀。二是明人讀書態度中細讀的一面。明人讀書素有「粗疏」之名，這樣看來也有細膩之處。其實粗

---

〔註17〕即使不作爲清言的語言特徵，多俗語單看也是明代《文選》評點的一個語言風格。如《文選尤》中《王命論》之評：「熱中煩躁，與他一帖清涼散。」《廣絕交論》之評：「如登氣急浮屠，一層高一層。」通俗之如市井對白。這是整個明代通俗文學盛行的產物。市民文學受歡迎、市場的主導作用等等社會因素都會帶來類似的特徵，換句話說，多俗語已經不能稱作某一文學樣式的語言特徵，而是那個時代所有文學樣式的共同表現。

疏是針對欠缺學術考證說的，細膩則是針對文學感悟說的。明人讀書的著力點是放在後者的。這裏需要提點一下的是，同樣是細緻，清人表現爲就一個字、一個典故廣征博引，深入考證，其「煉字」是學術考據性的；明人則表現爲細加揣摩、體察入微，其「煉字」是文學感悟性的。同一種讀書態度落實到兩種風格上，就生髮出兩種學風，兩樣文字。這不能不說是時代特徵對表現手法的影響。

## 三、有我式和無我式

「有我式」和「無我式」是明代《文選》評點的兩種表現手法。因爲評點內容駁雜，包括評論、注解、導讀等等，所以「有我式」在風格上更靠近評論內容，而「無我式」在風格上則更靠近注解和導讀內容。「有我式」評語主觀性較強，多伴有語氣修辭以及身世之感。如《文選尤·侍五官中郎將建章台集詩》：「賢人混于群小之中，其何能奮迹于雲霄也。讀之不勝鹽車之感。」《新刊文選批評·冉冉孤生竹》：「令人讀之涕下。」《選詩》鐘惺曰：「古人交情意趣各不相妨，遠懷厚道，難與世人論也。」或者借古嘆今，或者宣泄情緒，或者抒發感慨，總之，主觀性很強，不加抑制，任其性情地發揮，釋放自己，同時也打動讀者。反之，「無我式」評語主觀性較弱，多爲注解說明和導讀之類。

評點各本在這兩種風格上各有偏重。同時這一點也是明代《文選》評點本與前代、後代的《文選》評點本得以並置並可以據此摸出發展軌迹的一條線索。

宋代尤其是南宋，評點這一文學形式開始勃發。縱觀宋代各類評點本，總得來說，還是以「無我式」評語爲多。但是在劉辰翁的一系列針對詩文的評點本中「有我式」評語較多。如「因物寄興，拈出可人。反覆慨恨，極所難言，自遣類俳。」〔註18〕一類自述情緒的例子確有不少。《天祿閣寓言外史》〔註19〕評論篇中人物及作者之處境時常發感慨。此外還有一些本子多爲藝術評論型的評語，雖然主觀性並不很強，但因爲多融入評點者的情趣心志，明顯迥异于注解說明和導讀之類，所以也把它們歸入「有我式」。

---

〔註18〕〔宋〕陳與義撰，劉辰翁批點：《須溪先生評點簡齋詩集 無住詞一卷》，北京大學圖書館藏日本重刻明嘉靖朝鮮本一冊。
〔註19〕〔後漢〕黃憲著，〔宋〕韓泊評：《天祿閣寓言外史》，北京大學圖書館館藏明刻本。

　　元末明初劉履的《選詩補注》，其評點內容多著眼于內容分析，包括主題分析、人物分析，描述文字偏多，沖淡了個人情緒的表達。文中以字、詞爲單位，注評結合，文末尾批。明代中後期的《文選》評點與之相比，在內容分析的基礎上多了一些藝術分析，這是《選詩補注》少有的。同時，明代中後期《文選》評點的內容分析也隨著藝術分析的介入而在表現形式上有所改變，由長變短，由繁變簡，由具體到抽象。相比之下，藝術分析更側重于評，內容分析更側重于注。即此而關，內容分析在表現形式上的轉變體現了傳統文本中的不同闡釋方式共處于同一文本時彼此之間的相互影響。傳統注釋形式與時興評點形式二者的中和，導致了明代中後期評點語言中主客觀表現並存的狀況。

　　清代《文選》評點本，或如《昭明文選集評》匯輯明清兩代評點，或如《增訂昭明文選集成詳注》多收何焯、孫礦二位評點大家的評語，大多是明代《文選》評點本內容的重新排列組合。眞正能夠顯示清代《文選》評點本面貌的是方廷珪《文選集成》的尾批部分，以及何焯《義門讀書記》中的評論部分，還有黃侃的《文選平點》。《義門讀書記》是剝離了《文選》原本之後的本子，所以不能隨文圈點，只有評語，類似筆記體。其中多學術性的引注、辨誤，雖然不乏主觀性的渲染，但學究氣終歸重了許多。《文選平點》也是如此，多异文考訂和導讀，「有我式」主要表現爲一些藝術評論性批語，以具有感情傾向的形式，實現注釋的功能。但是藝術性評語少，多爲思想性評語，所以「有我」的感覺不重。《文選集成》的評論集中在尾批部分，但導讀內容占絕大部分篇幅。由此可見清代《文選》評點本或重學術性，或重闡釋說明，眞正主觀性強、展示性情的評語不多，這應該歸結于清代學風、世風更多謹嚴、規整之氣的原因。

　　綜上所述，《文選》評點語言的「有我式」風格自始至終貫穿于《文選》評點本的發展過程，這是評點這一文學樣式本身主觀性強的性質決定的。因此，是否是「有我式」的風格，「有我」的比重有多大，意味有多濃，很大程度上決定了評點本的純度有多高，獨立性有多強。從南宋劉辰翁的一枝獨秀到清代向李善注學術性的回歸，一路走下來，除卻元末明初劉履的半推半就，眞正稱得上「有我式」評點的大都出現在明代中後期。這是有明一代中最「明代」的一段，當然應該孕育出最「明代」的評點。

# 餘 論
# 明代文化圖景下的明代《文選》學

## 一、明代《選》學研究者的社會身份

　　明代商品經濟發達，加之士林階層或明或暗的重商思想和商業行為，促使出版業等行業的繁榮，這種現象在經濟發達地區形成氣候，更推動了晚明經濟區域化的走勢。因此，這一部分在鋪陳明代社會的焦點現象的同時，分析明代《文選》研究者在出版繁榮——地域文化——士商交融這條線索下的社會身份，以期從明代士林與社會背景的互動這個角度挖掘明代《選》學的發生。

　　明代《文選》學之所以出現如此數量的版刻和著述，歸根到底得益於明代出版事業的繁榮。同時，也應該注意到，明代各階段出版業的發展也是不均衡的，刪述本一章舉得明人李詡的例子就說明嘉靖中葉以後才有出版業的大盛。此外還有一些數據為證。《明代版刻綜錄》共著錄圖書 7740 種，其中洪武至弘治時期（1368——1505 年）137 年間的書共著錄 766 種；正德、嘉靖、隆慶（1506——1572 年）66 年間的書，共著錄 2237 種；萬曆至崇禎（1573——1644 年）71 年間的書，著錄 4720 種。其比例是 1：3：6。地方志一類的書，明初只有數百種，嘉靖以後共出版 1688 種。小說、戲曲類圖書，明代初期、中期加起來只有百來種，明代後期出版的各種小說、戲曲，至少有一千多種；私人撰寫的史書，明初和明中期加起來不到一百種，明後期撰寫私史

成風，有關出版物不止千種。〔註1〕這些數字是從明代出版業的全貌上來說，就《文選》相關的明代出版物來看，根據本書緒論「明代《文選》版本述錄」介紹的情況，可以發現絕大部分版本都是在嘉靖之後也就是明代中後期付梓刊刻的。這說明與《文選》相關的明代出版物的產生與流傳都得力於這一時代氛圍的推動。出版是商業活動，出版業的勃興來自商品經濟的繁榮，同時也勢必以市場為導向。明代的通俗出版物如小說、戲曲、日常工具類書〔註2〕之類，讀者範圍很廣，包括不同階層，因為知識水平、社會地位而產生的閱讀局限以及相應的身份排斥很少。〔註3〕可以說是全民性的讀物。相形之下，科舉應試之書雖然也屬於通俗出版物的一類，讀者群就相應有所定向，主要集中在士子群體。如明代《文選》刪述本、選本、廣續本、評點本都不同程度地為科舉服務。一方面為士子提供要籍的通俗解釋和提要性注釋，落實到編寫過程中表現為簡化注釋、增加導讀內容，以指南性為要宗；一方面依據科舉考試科目提供可資借鑒的文體模式，以及相關的注解、評點、導讀。這些簡注、評點、導讀在形式上與小說、戲曲評點中的相關內容很是相近。以明嘉靖壬午刻本的《三國志通俗演義》為例，考訂異文、釋字注音、地名考釋一應俱全，點評中導讀和評論兼備。〔註4〕在文學史上，小說、戲曲等敘事文學出現在經史要籍的注疏之後，就這一點我們有理由說小說、戲曲評點本中這一類注解現象的淵源在於經史要籍的注疏方式。但應該注意的是，這些

〔註1〕關於《明代版刻綜錄》一書的相關數字，皆來自繆詠禾著：《中國出版通史·明代卷》，北京：中國書籍出版社，2008年版，頁10。

〔註2〕如《萬用正宗》，是一種日常實用型的百科全書，上至天文，下至地理，無所不包。這種小型類書的內容決定了它的服務對象是各個階層，局限性很小。

〔註3〕〔明〕葉盛撰：《水東日記》：「今書坊相傳射利之徒偽為小說雜書，南人喜談如漢小王（光武）、蔡伯喈（邕）、楊六使（文廣），北人喜談如繼母大賢等事甚多。農工商販，抄寫繪畫，家畜而人有之；癡騃文婦，尤所酷好。」卷五。叢書集成初編2799，北京：中華書局，1991年版，頁252。

〔註4〕〔明〕羅貫中著：《三國志通俗演義》「張永年反難楊脩」一回：「（操）令扯碎其書燒之」下注「柴世宗時方刊板，舊本書作『板差』矣。今孫武子止有魏武帝注。」此為考訂異文之例。「孫策大戰嚴白虎」一回：「脫，輕易也。」此為釋字之例。「孫策大戰太史慈」一回：「鍪」字下注「音謀」。此為注音之例。「陶恭祖三讓徐州」一回：「馬陵」下注「是姜太公葬妻馬氏之地，龐涓敗於此處。」此為地名考釋之例。「鄧艾襲川」一回：「釋諸葛所刻碣文。」此為導讀之例。「呂溫侯濮陽大戰」一回：「此是曹操奸雄之略也。」此為評論之例。《三國志通俗演義》，根據明嘉靖壬午刻本影印，北京：人民文學出版社，1975年版。

通俗文學評點本傳承得不是經史要籍繁複、艱深的傳統注疏，而是明人爲應試改編的簡注簡評之書。因此，就二、三、四、五章對明代《文選》刪述本、選本、廣續本、評點本的描述，可以發現很多與明代小說、戲曲評點本的相通之處。由此可見，以市場爲導向的出版大潮使通俗文學評點本多了一些傳統意味的注解，經典要籍的應試簡注本多了一些喜聞樂見的形式。俗的雅一些，雅的俗一些。市場化這一巨大的攪拌棒將新的、舊的、嚴肅的、活潑的通通攪在一起，結果是你中有我、我中有你，個性的面目趨同爲時代特徵的映像。

　　明代經濟重心南移，明中葉以後，文化相對發達的地區同時也是商品經濟發達的地區。〔註5〕其中，江南地區又處於前列，體現在教育、科考、文化、出版各個領域。明代《文選》研究者也主要來自江南地區，具體情況列表示下：

| 研究者 | 所在地 | 地　區 |
|---|---|---|
| 張鳳翼 | 江蘇省蘇州 | 江南地區 |
| 瞿式耜 | 江蘇省常熟 | |
| 陳與郊 | 浙江省海寧鹽官 | |
| 胡震亨 | 浙江省海鹽武原鎮 | |
| 湯紹祖 | 浙江省海鹽 | |
| 孫鑛 | 浙江省餘姚 | |
| 淩濛初 | 烏程（今浙江省湖州） | |
| 淩迪知 | 烏程（今浙江省湖州） | |
| 馮夢楨 | 秀水（今浙江省嘉興） | |
| 方弘靜 | 安徽歙縣 | |
| 王象乾 | 山東新城 | 山東地區 |
| 馮惟訥 | 山東臨朐 | |
| 郭正域 | 江夏（今湖北省武漢） | 湖湘地區 |
| 李淳 | 湖南茶陵 | |
| 李光縉 | 福建晉江 | 福建地區 |
| 林兆珂 | 福建莆田 | |
| 劉節 | 江西大庾 | |

〔註5〕　商傳：《明代文化史》，上海：東方出版中心，2007年版，頁32。本書所引《明代文化史》一書皆據這一版本，以下恕不贅述。

　　由上表可見，參加統計的 17 位研究者有 10 位來自江南地區，構成《文選》研究的主力。〔註6〕山東、湖湘、福建地區也有一些，但比重不大。山東地區本身就有儒學的基礎，加之區域經濟的發展，也屬於文化比較發達的地區。〔註7〕而福建地區是晚明著名的刻書中心。據徐曉望《建陽書坊與明代刻書業》統計，現存萬曆年間全國各地出版的小說共 120 種，其中福建書坊版就有 55 種，約占其中一半。到了天啓、崇禎年間，福建書坊小說刻書業逐漸衰落，主要因爲經營過程多有急功近利之舉。〔註8〕值得展開一下的是，明代《文選》研究者的分佈區域與明代刻書業中心的地理分佈是大致重合的。晚明三大刻書中心爲江蘇、浙江、福建。其中江蘇刻書質量最好，雖然書價不低，但聲譽很好。〔註9〕浙江刻書亦極著名，淩迪知、淩濛初、胡震亨這些《文選》研究者本身就是著名的刻書家。淩濛初爲代表的淩家爲江南刻書名家，其父叔輩始事編刻，技藝精湛，有雙色、多色套印，與湖州閔家齊名於世。刻書包括各種體裁的文學作品，有《孟浩然詩集》、《孟東野集》、《西廂記》、《琵琶記》、《紅拂記》、《勘髯客傳》、《東坡書傳》等，多達 20 餘種。胡震亨

----

〔註6〕關於「江南地區」這一地理概念的界定，在國內外學者的研究中，李伯重在《簡論「江南地區」的界定》一文（載《中國社會經濟史研究》，1991 年第 1 期）中所作的論述與界定影響較大，他認爲「江南」的範圍應當包括現今的蘇南、浙北，即明清時期的蘇州、松江、常州、鎮江、江寧、杭州、嘉興、湖州八府，以及後由蘇州府劃出的太倉直隸州。《明代中後期的江南社會與社會生活》一書綜合李伯重等當代學者的辨析和界定，將「江南地區」這一地理範圍確定爲以太湖流域和長江三角洲的蘇州府、松江府、常州府、鎮江府、應天府、杭州府、嘉興府、湖州府爲中心的地區，某些情況下，也將與其毗鄰的紹興、揚州和南通州包括在內。由於徽州臨近長江三角洲，且徽州商賈與江南關係密切，因而活動於江南一帶的徽州商賈也被列入考察範圍。本書擬就在此書的界定之上討論「江南地區」。所以也包括了安徽的方宏靜。以上關於「江南地區」的資料來自陳江著：《明代中後期的江南社會與社會生活·緒言》，上海：上海社會科學院出版社，2006 年版，頁 7。

〔註7〕商傳：《明代文化史》：「永樂遷都前後漕運的通航使得沿運河城市的發展（如山東臨清）以及徽商、晉商的發展都起到帶動區域經濟的作用。」，頁 32。

〔註8〕徐曉望：《建陽書坊與明代小說出版業》，載《出版史研究》第四輯，北京：中國書籍出版社，1996 年版，頁 75。

〔註9〕〔明〕胡應麟：《少室山房筆叢·經籍會通四》：「凡刻之地有三，吳也、越也、閩也。蜀本宋最稱善，近世甚希。……其精吳爲最，其多閩爲最，越皆次之。其直重吳爲最，其直輕閩爲最，越皆次之。」文淵閣四庫叢書本，少室山房筆叢正集三十三卷，子部雜家類 886 冊，上海：上海古籍出版社，1987 年版，頁 208。

是著名的刻書家也是藏書家。刊刻圖書有《秘冊彙函》22種141卷、《道德指歸圖》、《幽蘭居士東京夢華錄》等。震亨藏書萬卷，父胡彭述藏書堂名「好古堂」。所藏多秘冊異書，並以校勘精審著稱。毛晉的汲古閣以刻書著稱天下，多得胡震亨的幫助。《海鹽縣志》說：「凡海虞毛氏書，多震亨所編定也。」〔註10〕刻書業中心與《文選》研究者主要分佈地區的重疊說明《文選》研究著作的著述與出版到了明代已經轉變爲互爲因果、互相促進的關係。在出版業不發達的時代，學術研究更多表現爲一己的訴求，學術著作完成之後束之高閣、藏之名山，即便付梓，因爲技術不夠，傳播的廣度和力度都是很有限的。所以，寫歸寫，刻歸刻，寫是先決行爲，不可能達到出版反過來促進乃至於決定著述的程度。而在明代中後期，刻書業蓬勃發展，使得這種情況成爲可能。經濟利益的驅使使得出版業本身成爲著述的目的。市民階層喜歡評點，應考士子青睞導讀和應制範式，這些賣點都會成爲研究者著述過程的指揮棒，即此而觀，出版從某種程度上來說，已經轉化爲著述的先決條件。

　　從明代《文選》研究與出版之間的密切關係可以看到明代中晚期士商交融的社會現象。中國封建社會長期重農抑商，商人地位低下，在「萬般皆下品，唯有讀書高」的傳統意識中，士與商的身份一直存在著明確的區分。但到了明代中後期，商品經濟發達，商人成爲社會的主要力量，社會地位有較大提升。文學作品如三言、二拍之類膾炙人口的小說、戲曲中出現了大批正面的商賈形象。商人與士大夫、士子之間的來往互動頻繁，且士林階層對商人群體的認同大大提高。一些著名的文人對商人與商業行爲的肯定頗具社會影響，在某種程度上促使新的價值觀的確立。如王陽明明確提出「雖終日做買賣，不害其爲聖爲賢」的觀點，充分肯定了商業活動的倫理價值。王世貞在徽商、蘇商的影響下，與商賈多有交遊，並爲他們作了大量的墓傳。其《弇州山人四部稿》（明萬曆年間經世堂刻本和文淵閣四庫全書本）中墓誌銘（包括墓表、神道碑、墓誌銘、墓碑、行狀）總數90篇，爲商人所作15篇，約占16.6%。而《弇州山人續稿》（明崇禎年間刻本和文淵閣四庫全書本）中墓誌銘（種類同上）總數250篇，爲商人所作44篇，約占總數17.6%。〔註11〕

---

〔註10〕海鹽縣志編纂委員會編：《海鹽縣志‧人物》，卷二十九，杭州：浙江人民出版社，1992年版，頁919。

〔註11〕這些數據來自陳建華：《中國江浙地區十四世紀至十七世紀社會意識與文學》，上海：學林出版社，1992年版，頁335。

除此之外，這兩部文集中還有不少商人傳記，如《孫義卿傳》、《程母傳》、《童子鳴傳》等。在這種大氛圍下，富庶地區士商交融、身份混雜的現象也很普遍。明代《文選》研究者大多分佈在經濟發達地區，又與出版業關係密切，其中不少人本身就出身於商人家庭，從事商業活動；或者具有重商意識，多與商人交遊。如張鳳翼，蘇州府長洲商人張沖之子，王世貞在爲張沖作傳時，曾將其比作魯仲連、侯嬴。即使有溢美之嫌，也多少有據。可見張家還是有義商之風的。凌濛初，以其爲代表的浙江烏程凌家數代以雕版印書著名。他編寫並評點「二拍」是受書賈請託，是明代文人應商業化要求進行文學創作的代表。李光縉，其父主事戶部，其兄爲商，家庭影響使他主張「儒者爲賈」，並寫出重商著作《景璧集》，強調商業的價值和地位，爲商賈階層正名，探討與商業活動相關的社會倫理。

綜上所述，出版繁榮——地域文化——士商交融這條線索可以勾勒出明代《文選》研究者在明代文化圖景下的社會身份。即此而觀，將文學現象的社會背景與研究者的身份界定扭合在一起進行考察，更能夠立足於人與社會的互動而對文學現象進行立體地觀照。

## 二、明代《選》學與明代辨體之風

明代《文選》學研究者們普遍具有很強的辨體意識。關於這一意識的來源，從研究對象的規定性來看，重視文體問題，首次將文體作爲分類標準，是《文選》原典的一大特色，並由此爲後代詩文集立下了一套結集、編排、分類的體例標準。所以研究者們自然應該秉承這一傳統將文體問題作爲重點來關注。從時代的文化氛圍來看，辨體是明代文化研究中的普遍意識，明人在本朝的文體學著作和詩文總集的編纂中多以此來闡述文學觀念和編纂思想。

在明代文體學著作中，吳訥《文章辨體》行世較早。其《凡例》鮮明指出：「文辭以體制爲先。」認爲《文選》雖然開文體分類之先河，但「編次無序，不足爲法。」其他以文體分類的文集也有諸多短項，遂立志編寫一部體系化、清晰了然的通代文體學著作。〔註12〕徐師曾的《文體明辨》稍晚於

---

〔註12〕〔明〕吳訥：《文章辨體·凡例》：「文辭以體制爲先。古文類集今行世者，惟梁昭明：《文選》六十卷、姚鉉：《唐文粹》一百卷、東萊：《宋文鑒》一百五十卷、西山前後：《文章正宗》四十四卷、蘇伯修：《元文類》七十卷爲備。

吳著。他也借《自序》闡明此編以辨體爲先。並進一步指出辨體的必要性源於時代的發展，文化的繁榮、題材的豐富、文體的增加。以文學史的發展眼光指出辨體的意義。並最終將「體」的地位置於「文」之上，〔註13〕明末賀復徵的《文章辨體彙選》在吳、徐二書基礎上擴展而成，傳承了辨體的主旨。〔註14〕

　　明代總集編纂頗盛。總集卷帙浩繁，勢必要求對編排方式和分類標準予以關注。以文體爲中心實現總集的系統化是一個必然的趨勢。高棅《唐詩品彙》將「眾體備矣」作爲唐詩的重要品質，並明言此編重體不僅在於分體從類，更在於溯清源流、摸清脈絡。〔註15〕王夫之的《明詩評選》將所收明詩按文體分卷，其中第一、二卷爲樂府歌行，第三卷爲四言詩，第四卷爲五古，第五卷爲五律，第六卷爲七律，第七、八卷爲五絕、七絕。同時在附於詩後的詩歌簡評（清鈔本中還有作者小傳）中非常關注詩人運用文體的水準，並不時作出精到的評價。如卷六評楊愼詩歌：「以古詩爲近體者，唯太白間能之，尚有未純處。至用修而水乳妙合，即謂之千古第一詩人可也。」同時還在短評中表達自己的詩歌理論和創作理念。如重視某一詩歌體裁的源頭之作及其對後世的影響，認爲應該在仔細揣摩源頭之作的基礎上進行這一體裁詩歌的

然《文粹》、《文鑒》、《文類》惟載一代之作，《文選》編次無序……不足爲法。獨《文章正宗》義例精密……然每類之中，眾體並出，欲識體而辛難尋考。故今所編。始於古歌謠辭，終於祭文，每體自爲一類，各以時世爲先後，共爲五十卷。」《文章辨體》五十卷外集五卷總論一卷，四庫全書存目叢書，集部第291冊，根據吉林省圖書館藏明天順八年刻本影印，頁6。

〔註13〕〔明〕徐師曾：《文體明辯・自序》：「是編所錄，唯假文以辨體，非立體而選文。故所取容有未盡者，亦有題異體同而文不工者，復有別爲一格。」「蓋自秦漢而下，文愈盛；文愈盛，故類愈增；類愈增，故體愈重；體愈重，故辨當愈嚴。」「幸承師授指示眞詮，謂文章必先體裁而後可論工拙，苟失其體，吾何以觀？」《文體明辯》六十一卷首一卷目錄六卷附錄十四卷附錄目錄二卷，四庫全書存目叢書，集部第310～312冊，根據北京大學圖書館所存萬曆年間「歸安少溪芽乾健夫校正、閩建陽游榕製活板印行」本影印，頁360。

〔註14〕〔清〕永瑢：《四庫全書總目提要》：「復徵以吳訥《文章辨體》所收未廣，因別爲搜討，上自三代，下逮明末，分列各體爲一百三十二類，每體之首多引劉勰：《文心雕龍》及吳訥、徐師曾之言，閒參以己說，以爲凡例。」卷一百八十九集部四十二總集類四，頁4212。

〔註15〕〔明〕高棅：《唐詩品彙・序》：「有唐三百年詩眾體備矣。故有近體、往體、長短篇、五七言律絕句等制。……（是編）校其體裁，分體從類，隨類定其品目，因目別其上下始終正變，各立序論，以弁其端。」上海：上海古籍出版社，1982年影印明汪宗尼本。

創作，如果故意迴避則會偏離本旨。如對七言詩的看法：「七言之制何所始？唐人七言何所祖？……作七言而忌齊梁，猶作四言而忌《三百篇》，作五言忌《十九首》也。報本新始之義，胡豺獺之不如耳」。〔註16〕陳子龍等編選的《皇明詩選》十三卷也是以文體爲分類標準，共計古樂府、五言古詩、七言古詩、五言律詩、五言排律、七言律詩、五言絕句、七言絕句八類，並以文體統領詩人。

　　明代文化研究中的辨體意識這個大趨勢對明代《文選》學不可能不產生影響。主要表現爲對昭明原典的文體思想的修正和評點中的文體思想。《文選》雖開文體分類之先河，但分體細碎，不夠精簡集中。明代諸多的《文選》選本和廣續本在修正文體設置方面用力不小。選本和廣續本都是針對原典既有的篇目和文體安排進行重新調整的本子，所選篇目的文體歸屬和所增篇目的文體界定都是首先要確定的問題，雖然重心一是選一是增，但選本和廣續本共同表現出體目精簡的趨勢。從文體功能的角度對體目進行合併，達到簡化文體設置和體例編排的效果。當然，簡化不是目的，優化才是目的。選本和廣續本通過對文體的更名、調序、重新分類明確文體間的邏輯關係、勾勒文體的源流變化、實現文體分類的體系化。另一方面，明代《文選》評點者處處不忘文體評論。從文體特徵出發，比較研究文體間或相似相通，或相斥相異的關係，進而深化爲對於敘述方式的思考。在此基礎上理論聯繫實踐，立足於明代科舉中的常考文體加強對文體寫作的訓練，以迎合士子的需要。

## 三、明代《選》學與明代復古思潮

　　明代復古思潮長期籠罩文壇，這與宋末就產生並一直綿亙的疑宋、抑宋之風密切相關。南宋晚期的嚴羽在其詩論專著《滄浪詩話》中就針對江西末流、四靈、江湖派詩歌創作的流弊提出師古、學古，力主學習漢魏、盛唐，走「向上一路」。〔註17〕嚴羽的詩歌理論因爲準確地把握並突出作家藝術修養在品詩、作詩中的決定性作用而與籠統提倡學古的泛泛之論相區分，爲其後的學古風潮立起標杆。金元之際的元好問在宋詩流弊日益嚴重的詩壇提出「以

---

〔註16〕〔清〕王夫之：《明詩評選》八卷，卷六，上海：太平洋書店民國22年鉛印本。

〔註17〕〔南宋〕嚴羽著、郭紹虞校釋：《滄浪詩話校釋・詩辯》，北京：人民文學出版社，1983年第2版，頁1。

唐人爲指歸」，同時又要求詩人「責之愈深，其旨愈婉，怨之愈深，其辭愈緩。」
〔註18〕其實是儒家「溫柔敦厚」的詩教，既有上溯周秦的學古之意，又難脫
朱子詩教的影響。這種在學古問題上的半推半就到了明七子那裡，就成了堅
定的復古思潮，並最終偏執地走向擬古。前七子的代表人物李夢陽和後七子
的代表人物李攀龍都鄙視宋、元。李攀龍編選的《古今詩刪》，始於古逸，迄
於明代，多達三十四卷，卻無宋、元。

　　以上是詩壇的情況，學界也是如此。明代前期宋學獨尊，中葉起疑宋之
風，認爲宋儒去古已遠，詮釋經典多有偏差，理應回顧原典，以正視聽。遂
跨過宋元，上溯魏晉、兩漢乃至周秦。這股風潮之中，楊愼的態度最爲堅決。
在《文字之衰》一文中極力糾偏：「予嘗言宋世儒者失之專，今世學者失之陋。
失之專者一騁意見，掃滅前賢，失之陋者，惟從宋人，不知有漢唐前說也。
宋人曰是，今人亦曰是。宋人曰非，今人亦曰非。高者談性命，祖宋人之語
錄，卑者習舉業，抄宋人之策論。其間學爲古文歌詩，雖知效韓文杜詩，而
未始眞知韓文杜詩也。不過見宋人嘗稱此二人而已。文之古者《左氏》、《國
語》，宋人以爲衰世之文，今之科舉以爲禁約。詩之高者漢魏六朝，而宋人謂
詩至《選》爲一厄，而學詩者但知李杜而已。不知詩者，及謂由漢魏而入盛
唐，是由周孔而入顏孟也。如此皆宋人之說，誤之也籲異哉！」〔註19〕楊愼
抨擊的尊宋現象，在佛教方面也很明顯。宋、元、明三代的佛教長期獨尊禪
宗，禪宗末流流於玩弄機鋒，陳腐相因。明代後期淨土宗興起，以平實學風
研究學理，以反禪宗。〔註20〕

〔註18〕〔金〕元好問：《遺山集・楊叔能小亨集引》，卷三十六，《遺山集》四十卷附
　　　　錄一卷，《景印文淵閣四庫全書》，第 1191 冊（集部一三〇），臺北：臺灣商
　　　　務印書館，1983 年版，頁 424。
〔註19〕〔明〕楊愼：《升菴集・文字之衰》，卷五十二，《四庫明人文集叢刊》，上海：
　　　　上海古籍出版社，1993 年第 2 版，頁 447。
〔註20〕梁啓超：《中國近三百年學術史・反動與先驅》：「宋、元、明三朝，簡直可以
　　　　說除了禪宗，別無佛教。到晚明突然出了三位大師：一蓮池，二憨山，三蕅
　　　　益。我們試把《雲棲法彙》、《夢遊集》、《靈峰綜論》一讀。他們反禪宗的精
　　　　神，到處都可以看得出來。他們提倡的是淨土宗。清朝一代的佛教一直到楊
　　　　仁山爲止，走的都是這條路。禪淨優劣，本來很難說——我也不願意說，但
　　　　禪宗末流，參話頭，背公案，陳陳相因，自欺欺人，其實可厭。蓮池所倡淨
　　　　宗，從極平實的地方立定，做極嚴肅的踐履功夫，……既感覺掉弄機鋒之靠
　　　　不住，自然回過頭來研究學理。於是憨山注：《楞伽》、《楞嚴》；蕅益注：《楞
　　　　嚴》、《起信》、《唯識》，乃至把全藏通讀，著成《閱藏知津》一書。他們的著

　　在這樣一個抑宋復古的大氛圍下，明代《文選》研究的復古情結也很濃重。首先，《文選》是秦漢至六朝的詩文總集，從復古思想中「文必秦漢，詩必盛唐」以及貶抑宋元、向上追溯的觀點來看，復古文就是復《文選》。有明一代，《文選》相關的版本和研究著述甚多，當然有典籍自然傳承和科舉應制等諸多原因，但順應復古、以復古文也是一個重要的動因。因此，明代《文選》研究著作的編纂理念和著述思想在各方面都與復古思想密切相關。拿刪述本來說，刪述者在五臣注與李善注兩個傳統注本之間選擇、平衡，用心良苦。當然，主要目的是簡化傳統注本以應士子和市民階層需要，但也不排除傳統的經典闡釋的向心力。各刪述本刪述力度的差異、注與評新舊兩種闡釋方式的博弈和一部分刪述者對李善注的青睞和留戀也說明了古風尚存且影響彌堅。對選本來說，那些仍然致力於精英教育的學術性選本，以其與實用型選本的明確分工彰顯著對原典的尊崇，並以傳統的皈依者和大眾文化的唱和者的雙重身份，迎合著大眾心理對經典的慣性認知。而應試士子對文學審美性的追求又是傳統文人古典情懷的保留。廣續本從編纂目的上來看就有不少是復古思潮的實踐性範本。從保存文獻的角度出發，大量增加古而有則之作，以「集」的面貌平衡「選」的遺漏，在古文獻的資料性這一點上比《文選》做得更徹底。評點本強烈的時代感理應沖淡復古意識，但其源頭崇拜思想卻處處可見。這在選本、廣續本中一線貫穿，尊《詩經》、尊杜甫、重內容、重傳統詩評，發展到認定源頭盛極難繼，甚至反對仿作四言，仿作《古詩十九首》，走向偏執一路，反映出明代《文選》研究並未完全浸淫於「好奇」世風。

　　最後，還有一點不應該忽視，明代《選》學的重心雖然在評點刪選，不重考證實學，但卻並不輕視音釋。縱觀明代之前的《選》學，只有唐代頗重音釋。《舊唐書·儒學傳》記：「（曹憲）所撰《文選音義》甚爲當時所重。初江淮間爲《文選》學者，本之於憲。又有許淹、李善、公孫羅，復相繼以《文選》教授，由是其學大興於代。」〔註21〕阮元《揚州文選樓記》也說：「古人古文、小學與詞賦同源共流，漢之相如、子雲，無不深通古文雅訓。至隋時，曹憲在江淮間，其道大明。馬、揚之學，傳於《文選》，故曹憲既精雅訓，又

　　　　述價值如何，且不必論，總之一返禪宗束書不觀之習，回到隋唐人做佛學的
　　　　途徑，是顯而易見了。」，北京：中國書店 1985 年版，據 1936 年中華書局版
　　　　影印，頁 10。
〔註21〕〔五代〕劉昫撰：《舊唐書·儒學傳》，卷一百八十九上列傳第一百三十九上。
　　　　《舊唐書》，中華書局點校本，1975 年版。

精《選》學，傳於一郡。」〔註22〕唐代是《文選》學的奠定期，同時也是第一個高潮期，以上兩則材料結合起來可以說明，以曹憲、許淹、公孫羅爲首的唐代《文選》研究者多從音韻學一脈開《文選》研究之先，由此使得音韻學成爲《文選》學發生的一個主要原因。相形之下，宋代《選》學也少見音釋。由此可見，明代《選》學多音釋的現象當有跨越宋元、上追唐代《選》學源頭之意。當然，也應該看到，明代《選》學著作中的音釋大多是童蒙性質的，在學術研究的深度上是不能與唐代《選》學相比的。

---

〔註22〕〔清〕阮元：《揅經室集·揚州隋文選樓記》，二集卷二。《揅經室集》五十七卷，《續修四庫全書》（影印上海圖書館館藏清道光阮氏文選樓刻本），集部第1478～1479 冊，上海：上海古籍出版社，2002 年版，頁 63。

# 參考文獻

1. 〔漢〕司馬遷撰：《史記》，中華書局點校本，1959 年版。

2. 〔漢〕班固撰：《漢書》，中華書局點校本，1962 年版。

3. 〔晉〕陳壽撰：《三國志》，中華書局點校本，1971 年版。

4. 〔北齊〕魏收撰：《魏書》，中華書局點校本，1974 年版。

5. 〔梁〕蕭子顯撰：《南齊書》，中華書局點校本，1972 年版。

6. 〔梁〕沈約撰：《宋書》，中華書局點校本，1974 年版。

7. 〔唐〕魏征、令狐德棻撰：《隋書》，中華書局點校本，1973 年版。

8. 〔唐〕房玄齡撰：《晉書》，中華書局點校本，1974 年版。

9. 〔唐〕姚思廉撰：《梁書》，中華書局點校本，1973 年版。

10. 〔唐〕姚思廉撰：《陳書》，中華書局點校本，1972 年版。

11. 〔唐〕李百藥撰：《北齊書》，中華書局點校本，1972 年版。

12. 〔唐〕令狐德棻等撰：《周書》，中華書局點校本，1971 年版。

13. 〔唐〕李延壽撰：《南史》，中華書局點校本，1975 年版。

14. 〔唐〕李延壽撰：《北史》，中華書局點校本，1974 年版。

15. 〔五代〕劉昫撰：《舊唐書》，中華書局點校本，1975 年版。

16. 〔宋〕歐陽修撰：《新唐書》，中華書局點校本，1975 年版。

17. 〔元〕郝經撰：《續後漢書》，叢書集成初編 3738，上海：商務印書館，民國 25 年（1936 年）版。

18. 〔清〕張廷玉：《明史》，中華書局點校本，1974 年版。

19. 黃仁宇：《萬曆十五年》。北京：中華書局，2006 年版（增訂紀念本）。

20. 〔梁〕蕭統輯，〔唐〕李善注：《文選》六十卷，清嘉慶十年胡克家刻本，北京：中華書局，1977 年版影印本。

21. 〔梁〕蕭統輯，〔唐〕李善、呂延濟、劉良、張銑、呂向、李周翰注：《六臣注文選》六十卷，中華書局影印本，北京：中華書局，1987 年版。

22. 〔梁〕蕭統輯，文選六十卷，明隆慶六年楚少鶴山房刻本，重慶圖書館館藏。

23. 〔梁〕蕭統輯，文選六十卷，明萬曆六年楚府刻本，北京大學圖書館館藏。

24. 〔梁〕蕭統輯，文選六十卷，明萬曆十三年吳彰刻本，北京師範大學圖書館館藏。

25. 〔梁〕蕭統輯，唐李善注，文選六十卷，明成化二十三年（1487）唐藩朱芝址刻本，北京大學圖書館館藏。

26. 〔梁〕蕭統輯，唐李善注，文選六十卷，明隆慶五年唐藩朱碩熿刻本，國家圖書館館藏。

27. 〔梁〕蕭統輯，唐李善注，文選六十卷，明嘉靖元年（1522）汪諒刻本，國家圖書館館藏。

28. 〔梁〕蕭統輯，唐李善注，文選六十卷，明嘉靖四年晉府養德書院刻本，國家圖書館館藏。

29. 〔梁〕蕭統輯，唐李善注，文選六十卷，明晉藩文思堂刻本（清佚名批校），北京師範大學圖書館館藏。

30. 〔梁〕蕭統輯，唐李善注，文選六十卷，明萬曆二十九年鄧原岳刻本（清王芑孫跋），中科院圖書館館藏。

31. 〔梁〕蕭統輯，唐李善注，文選六十卷，明刻本，國家圖書館館藏。

32. 〔梁〕蕭統輯，唐李善注，文選六十卷，明末毛氏汲古閣刻本（清鄧傳密跋，並錄俞正燮批校，佚名錄清何焯批校題識），國家圖書館館藏。

33. 〔梁〕蕭統輯，唐李善注，文選六十卷，明末毛氏汲古閣刻清康熙二十五年錢士謐重修本（清孫天士錄錢陸燦批並跋），中央黨校圖書館館藏。

34. 〔梁〕蕭統輯，〔唐〕李善、呂延濟、劉良、張銑、呂向、李周翰注，文選六十卷，宋紹興明州刻遞修本（存二十八卷），國家圖書館館藏。

35. 〔梁〕蕭統輯，〔唐〕李善、呂延濟、劉良、張銑、呂向、李周翰注，文選六十卷，宋贛州州學刻宋元明遞修本，國家圖書館館藏。

36. 〔梁〕蕭統輯，〔唐〕李善、呂延濟、劉良、張銑、呂向、李周翰注，六臣注文選六十卷，宋刻本，清華大學圖書館館藏。

37. 〔梁〕蕭統輯，〔唐〕李善、呂延濟、劉良、張銑、呂向、李周翰注，增補六臣注文選六十卷，元大德三年陳仁子古迂書院刻本（存九卷），國家圖書館館藏。

38. 〔梁〕蕭統輯，〔唐〕李善、呂延濟、劉良、張銑、呂向、李周翰注，六臣注文選六十卷，明萬曆二年崔孔昕刻本，國家圖書館館藏。

39. 〔梁〕蕭統輯,〔唐〕李善、呂延濟、劉良、張銑、呂向、李周翰注,六臣注文選六十卷,明萬曆二年崔孔昕刻六年徐成位重修本,北京大學圖書館館藏。

40. 〔梁〕蕭統輯,〔唐〕李善、呂延濟、劉良、張銑、呂向、李周翰注,六臣注文選六十卷,明潘惟時、潘惟德刻本,國家圖書館館藏。

41. 〔梁〕蕭統輯,〔唐〕李善、呂延濟、劉良、張銑、呂向、李周翰注,六臣注文選六十卷,明潘惟時、潘惟德刻、吳勉學重修本,浙江省圖書館館藏。

42. 〔梁〕蕭統輯,〔唐〕李善、呂延濟、劉良、張銑、呂向、李周翰注,六臣注文選六十卷,明潘惟時、潘惟德刻、吳勉學、蔣先庚遞修本,武漢圖書館館藏。

43. 〔梁〕蕭統輯,〔唐〕李善、呂延濟、劉良、張銑、呂向、李周翰注,六臣注文選六十卷,明嘉靖二十八年洪楩刻萬卷堂重修本,北京大學圖書館館藏。

44. 〔梁〕蕭統輯,〔唐〕李善、呂延濟、劉良、張銑、呂向、李周翰注,六臣注文選六十卷 明嘉靖翻茶陵陳仁子刻本,北京大學圖書館館藏。

45. 〔梁〕蕭統輯,〔唐〕李善、呂延濟、劉良、張銑、呂向、李周翰注,六臣注文選六十卷,明萬曆6年刻本,北京大學圖書館館藏。

46. 〔梁〕蕭統輯,〔唐〕李善、呂延濟、劉良、張銑、呂向、李周翰注,六臣注文選六十卷 明萬曆間〔1573～1619〕新都山東崔氏刻本,北京大學圖書館館藏。

47. 〔梁〕蕭統輯,〔唐〕李善、呂延濟、劉良、張銑、呂向、李周翰注,六臣注文選六十卷 明萬卷堂刻本,北京大學圖書館館藏。

48. 〔梁〕蕭統輯,〔唐〕李善、呂延濟、劉良、張銑、呂向、李周翰注,六臣注文選六十卷 民國16至17年上海涵芬樓影印本,四部叢刊據宋刻本影印,北京大學圖書館館藏。

49. 〔元〕陳仁子輯,六臣注文選六十卷（存諸儒議論一卷）,明嘉靖二十八年洪楩刻本,國家圖書館館藏。

50. 〔元〕陳仁子輯,文選六十卷（存諸儒議論一卷）,明嘉靖刻本（明何孟倫輯注）,天津師院圖書館館藏。

51. 〔梁〕蕭統輯,〔唐〕李善、呂延濟、劉良、張銑、呂向、李周翰注,六家文選六十卷 明刻本（書前皇十一子題記及藏印）,北京大學圖書館館藏。

52. 〔梁〕蕭統輯,〔唐〕李善、呂延濟、劉良、張銑、呂向、李周翰注,六家文選六十卷,明嘉靖十三年至二十八年袁褧嘉趣堂刻本,北京大學圖書館館藏。

53.〔梁〕蕭統輯，〔唐〕李善、呂延濟、劉良、張銑、呂向、李周翰注，六家文選六十卷，明嘉靖二十八年袁氏嘉趣堂覆刊宋廣都裴氏本，國家圖書館館藏。

54.〔梁〕蕭統輯，〔唐〕李善、呂延濟、劉良、張銑、呂向、李周翰注，六家文選六十卷，明丁覲刻本，國家圖書館館藏。

55.〔梁〕蕭統輯，〔唐〕李善注，昭明文選三十卷（存昭明文集二卷），明刻本，故宮博物院圖書館。

56.〔梁〕蕭統輯，〔唐〕李善、呂延濟、劉良、張銑、呂向、李周翰注，文選三十卷（存二卷），宋杭州開箋紙馬鋪鍾家刻本，北京大學圖書館館藏。

57.〔梁〕蕭統輯，〔唐〕李善、呂延濟、劉良、張銑、呂向、李周翰注，文選三十卷，清長洲蔣氏心矩齋影宋抄本，北京大學圖書館館藏。

58.〔梁〕蕭統輯，文選十二卷，明萬歷十九年（1591）張居仁刻本，上海圖書館館藏。

59.〔梁〕蕭統輯，文選十二卷（存音注十二卷），明萬歷二十三年吳近仁刻本，中央黨校圖書館館藏。

60.〔梁〕蕭統輯，〔明〕瞿式耜批點，文選十二卷（存音注十二卷），明萬歷二十三年吳近仁刻本（清瞿昌文跋），國家圖書館館藏。

61.〔梁〕蕭統輯，文選十二卷（存音注十二卷），明萬歷二十三年吳近仁刻本（清孫淇錄何焯錢陸燦評語並跋，清王式金跋），浙江圖書館館藏。

62.〔梁〕蕭統輯，文選十二卷（存音注十二卷），明萬歷二十三年吳近仁刻本（清汪文柏批校），中山大學圖書館館藏。

63.〔梁〕蕭統輯，文選十二卷（存音注十二卷），明萬歷二十三年吳近仁刻本（清王禮培批校幷跋），湖南省圖書館館藏。

64.〔梁〕蕭統輯，文選十二卷（存附音注十二卷），明萬歷二十三年吳近仁刻本（清佚名錄，錢陸燦評點），上海圖書館館藏。

65.〔梁〕蕭統輯，〔明〕張鳳翼纂注，文選十二卷，明萬歷十年書林餘碧泉刻本。中科院圖書館館藏。

66.〔梁〕蕭統輯，〔明〕張鳳翼纂注，梁昭明文選十二卷，明萬歷二十九年惲紹龍刻本，北京師範大學圖書館館藏。

67.〔梁〕蕭統輯，〔明〕張鳳翼纂注，梁昭明文選十二卷，明萬歷刻本（版心鑴文選纂注評林），北京大學圖書館館藏。

68.〔梁〕蕭統輯，〔明〕張鳳翼纂注，梁昭明文選二十四卷，明末盧之頤刻本，北京市西城區圖書館館藏。

69.〔梁〕蕭統輯，〔明〕張鳳翼纂注，陸弘祚訂，文選纂注評苑二十六卷，明萬歷克勤齋餘碧泉刻本，北京大學圖書館館藏。

70.〔梁〕蕭統輯,〔明〕張鳳翼纂注,新纂六臣注漢文選二十四卷,明萬歷十四年刻本,中央黨校圖書館館藏。

71.〔宋〕陳仁子:《文選補遺》四十卷,據文淵閣《四庫全書》影印,上海:上海古籍出版社,1993 年版。

72.〔元〕方回:《文選顏鮑謝詩評》,四庫文學總集選刊本,上海:上海古籍出版社,1993 年版。

73.〔元明〕劉履:《選詩補注》八卷,續編四卷,補遺二卷,北京大學圖書館館藏明養吾堂刻本。

74.〔明〕張鳳翼:《文選纂注》十二卷,四庫全書存目叢書,集部第 285 冊,據廣西師大圖書館

75. 藏明萬曆刻本影印。濟南:齊魯書社,1996 年版。

76.〔明〕陳與郊:《文選章句》二十八卷,四庫全書存目叢書,集部第 285～286 冊,據明萬曆二十五年刻本影印。濟南:齊魯書社,1996 年版。

77.〔明〕閔齊華注、孫鑛評:《孫月峰先生評文選》(《文選瀹注》)三十卷,四庫全書存目叢書,集部第 287 冊,據明末烏程閔氏刻本影印。濟南:齊魯書社,1996 年版。

78.〔明〕郭正域:《新刊文選批評》,中國科學院圖書館藏明刻本。

79.〔明〕王象乾刪訂:《文選刪注》十二卷,北京大學圖書館藏明萬曆刻本。

80.〔明〕方弘靜:《文選拔萃》三卷,北京大學館藏明嘉靖三十年午溪吳默刻本。

81.〔明〕鄒思明:《文選尤》十四卷,四庫全書存目叢書,集部 286,根據明天啓二年刻三色套印本影印。濟南:齊魯書社,1996 年版。

82.〔明〕李淳:《新刻選文選》二十四卷,清華大學圖書館館藏明刻本。

83.〔明〕鄭維岳增補、李光縉評釋:《鼎雕增補單篇評釋昭明文選》八卷,無錫圖書館藏明萬曆刻本。

84.〔明〕杜詩:《文選荃》四卷,臺灣中央圖書館藏明萬曆庚申四十八年杜氏武昌刊本。

85.〔明〕郭正域批點、凌濛初輯評:《選詩》七卷詩人世次爵里一卷,四庫全書存目叢書,集部第 340 冊,明淩濛初刻朱墨套印本。濟南:齊魯書社,1996 年版。

86.〔明〕馮維訥:《選詩約注》八卷(含《選詩補遺》一卷),國家圖書館藏明沈思孝刻本。

87.〔明〕劉大文輯、顧大猷補:《選詩》三卷(補一卷),北京大學圖書館館藏明萬曆二十八年刻本。

88.〔明〕虞九章訂注:《文選詩集》七卷,國家圖書館藏明萬曆刻本。

89. 〔明〕許宗魯輯:《選詩》三卷,國家圖書館藏明嘉靖六年劉士元、王鎣刻本。

90. 〔明〕楊慎輯:《選詩》三卷(附《外編》三卷,《拾遺》二卷),北京大學圖書館館藏明嘉靖十一年卜大有刻本。

91. 〔明〕周應治:《廣廣文選》二十四卷,四庫全書存目叢書,集部第19～20冊,根據清華大學圖書館藏明崇禎八年周元孚刻本影印。濟南:齊魯書社,1996年版。

92. 〔明〕劉節編:《廣文選》六十卷,四庫全書存目叢書,集部第297～298冊,根據明嘉靖十六年陳蕙刻本影印。濟南:齊魯書社,1996年版。

93. 〔明〕胡震亨:《續文選》十四卷,中國人民大學圖書館館藏上海進化書局民國九年(1920年)影印本。

94. 〔明〕湯紹祖:《續文選》三十二卷,四庫全書存目叢書,集部第334冊,根據明萬曆三十年希貴堂刻本影印。濟南:齊魯書社,1996年版。

95. 〔清〕于光華輯:《文選集評》十五卷,北京大學圖書館藏清乾隆刻本。

96. 〔清〕方廷珪輯:《文選集成》六十卷,北京大學圖書館藏清乾隆32年仿範軒刻本。

97. 〔清〕顧施楨輯:《文選六臣匯注疏解》十九卷,北京大學圖書館藏清康熙25年刻本。

98. 〔清〕洪若皋輯評:《梁昭明文選越裁》十一卷,四庫全書存目叢書,集部287,據廣西師大圖書館藏清康熙名山聚刻本影印。濟南:齊魯書社,1996年版。

99. 〔清〕永瑢:《四庫全書總目提要》,北京:中華書局,1965年版。

100. 中國古籍善本書目編輯委員會編:《中國古籍善本書目(集部)》,上海:上海古籍出版社,1998年3月版。

101. 北京圖書館編:《北京圖書館古籍善本書目》,北京:書目文獻出版社1987年版。

102. 北京大學圖書館編:《北京大學圖書館藏古籍善本書目》,北京:北京大學出版社,1999年版。

103. 清華大學圖書館編:《清華大學圖書館藏善本書目》,北京:清華大學出版社,2003年版。

104. 中國人民大學圖書館古籍整理研究所編:《中國人民大學圖書館古籍善本書目》,北京:人民大學出版社,1991年版。

105.《北京師範大學圖書館古籍善本書目》,北京:北京圖書館出版社,2002年版。

106. 中國科學院圖書館編:《中國科學院圖書館藏中文古籍善本書目》,北京:科學出版社,1994年版。

107. 臺灣中央圖書館特藏組編輯：《（臺灣）國立中央圖書館善本書目》，臺灣中央圖書館出版社，1986 年版。

108. 傅惜華：《明代傳奇全目》，北京：人民文學出版社，1959 年版。

109.〔南朝宋〕劉義慶撰：《世說新語》，上海：上海古籍出版社，1982 年版（根據光緒十七年思賢講舍刻本影印）。

110.〔梁〕劉勰著、周振甫注：《文心雕龍注釋》，北京：人民文學出版社 1981 年版。

111.〔梁〕劉勰著，王利器校箋：《文心雕龍校證》，上海：上海古籍出版社，1980 年版。

112.〔梁〕鍾嶸著、曹旭集注：《詩品集注》，上海：上海古籍出版社，1994 年版。

113.〔唐〕李濟翁：《資暇錄》，碎錦彙編 49 種，北京大學圖書館館藏明刻本。

114.〔五代〕丘光庭：《兼明書》第四卷，叢書集成初編 280，上海：商務印書館，民國 25 年版（1936 年）。

115.〔宋〕蘇軾：《東坡志林》，四庫筆記小說叢書，上海：上海古籍出版社 1992 年版。

116.〔宋〕秦觀撰、徐培均箋注：《淮海集》，上海：上海古籍出版社，1994 年版。

117.〔宋〕陳善：《捫虱新話》，上海：上海書店 1990 年版（據涵芬樓舊版影印）。

118.〔宋〕陸游：《劍南詩稿》，八十五卷放翁逸稿一卷，四部備要集部，據汲古閣本校刊，上海：中華書局，民國二十五年（1936）排印本。

119.〔宋〕嚴羽著、郭紹虞校釋：《滄浪詩話校釋》，北京：人民文學出版社，1983 年版。

120.〔宋〕朱熹：《楚辭集注》八卷，《辨證》二卷，影宋端平本，北京：人民文學出版社，1953 年版。

121.〔宋〕謝枋得：《文章軌範》，據 1936 年北新書局本影印，底本爲光緒九年刊本。鄭州：中州古籍出版社 1991 年版。

122.〔宋〕劉辰翁評點、吳正子箋注：《李長吉歌詩》四卷、外一卷，北京大學圖書館藏明刻本。

123.〔金〕元好問《遺山集》四十卷附錄一卷：《景印文淵閣四庫全書》，第 1191 冊（集部一三〇），臺北：臺灣商務印書館，1983 年版。

124.〔元〕楊士弘編、〔明〕顧璘批點：《唐詩批點》正音 13 卷，始音 1 卷，北京大學館藏明嘉靖二十年〔1541〕洛陽溫氏刻本。

125.〔元〕鐘嗣成：《錄鬼簿續編》，《歷代戲曲目錄叢刊》第一冊（根據天一閣舊藏鈔本影印），揚州：廣陵書社，2009 年版。

126.〔明〕穆文熙選：《批點明詩七言律》十二卷，北京大學圖書館藏明萬曆九年〔1581〕劉懷恕刻本。

127.〔明〕卓人月選、〔明〕徐士俊參評：《古今詞統》十六卷，北京大學圖書館藏明崇禎六年〔1633〕刻本。

128.〔明〕吳敬所編：《國色天香》十卷，北京大學圖書館藏明敬業堂刻本。

129.〔明〕龍陽子編：《鼎鋟崇文閣匯纂士民萬用正宗不求人全編》三十二卷，國家圖書館館藏明萬曆刻本。

130.〔明〕吳訥編著：《文章辨體》，北京：人民文學出版社，1962 年版。

131.〔明〕徐師曾：《文體明辨》，北京：人民文學出版社，1962 年版。

132.〔明〕賀複征編：《文章辨體匯選》，上海：上海古籍出版社，2003 年版。

133.〔明〕俞汝楫編：《禮部志稿》，卷七十一，《景印文淵閣四庫全書》第 598 冊，臺北：臺灣商務印書館，1983 年版。

134.〔明〕葉盛撰、魏中平校點：《水東日記》，北京：中華書局，1980 年版。

135.〔明〕李夢陽撰：《空同集》，上海：上海古籍出版社，1991 年版（根據《文淵閣四庫全書》影印）。

136.〔明〕于慎行：《穀山筆麈》十八卷，四庫全書存目叢書，子部第 87 冊，明萬曆間于緯刻本。

137.〔明〕王世貞：《弇州山人四部稿》。臺北：偉文圖書出版社有限公司，民國 65 年（1976）版。

138.〔明〕李攀龍：《古今詩刪》三十四卷，北京大學圖書館館藏明代汪元時刻本。

139.〔明〕陳獻章：《白沙子》八卷，四部叢刊三編集部 73～74，根據東莞莫氏五十萬卷樓藏明嘉靖刻本影印，上海：上海涵芬樓，民國二十五年（1936 年版）。

140.〔明〕呂天成撰，吳書陰校注：《曲品》，北京：中華書局，1990 年版。

141.〔明〕李開先著、路工輯校：《李開先集》，北京：中華書局，1959 年版。

142.〔明〕吳承恩著、劉修業輯校，劉懷玉箋校：《吳承恩詩文集箋校》，上海：上海古籍出版社，1991 年版。

143.〔明〕胡應麟：《少室山房筆叢》正集三十三卷，《景印文淵閣四庫全書》，子部 886 冊。臺北：臺灣商務印書館，1983 年版。

144.〔明〕高棅：《唐詩品匯》，上海：上海古籍出版社，1982 年影印明汪宗尼本。

145.〔明〕楊慎：《升庵集》，卷五十二，上海：上海古籍出版社，1993 年第 2 版。

146. 〔明〕羅貫中著：《三國志通俗演義》，北京：人民文學出版社，1975 年版（根據明嘉靖壬午刻本影印）。

147. 〔清〕顧炎武：《日知錄》，上海：商務印書館，1935 年版（根據萬有文庫版本印行）。

148. 〔清〕曾國藩著、王澧華校點：《曾國藩詩文集》，上海：上海古籍出版社，2005 年版。

149. 〔清〕姚鼐、王先謙：《續正古文辭類纂》，杭州：浙江古籍出版社 1998 年版。

150. 〔清〕劉熙載：《藝概·詩概》，上海：上海古籍出版社，1978 年版。

151. 〔清〕王夫之：《船山遺書·古詩評選》，民國二十二年（1933 年）十二月上海太平洋書店重校刊本。

152. 〔清〕陳祚明：《采菽堂古詩選》三十八卷補遺四卷，北京大學圖書館館藏清乾隆刻本。

153. 〔清〕沈德潛：《古詩源》十四卷，北京：中華書局，1963 年版。

154. 〔清〕王夫之：《明詩評選》八卷，上海：太平洋書店民國 22 年鉛印本。

155. 〔清〕陸心源：《儀顧堂題跋》，北大圖書館藏清光緒十六年歸安陸氏刻本。

156. 〔清〕阮元：《揅經室集》，臺北：臺灣商務印書館，中華民國五十六年（1967 年）版。

157. 〔清〕顧廣圻：《顧千里集》，北京：中華書局，2007 年版。

158. 〔清〕嚴可均校輯：《全上古三代兩漢三國六朝文》，北京：中華書局，1958 年。

159. 梁啟超：《中國近三百年學術史》，北京：中國書店，1985 年版，據 1936 年中華書局版影印。

200. 徐公持：《魏晉文學史》，北京：人民文學出版社，1999 年。

201. 王瑤：《中古文學史論》，北京：北京大學出版社，1986 年。

202. 劉師培：《中國中古文學史講義》，上海：上海古籍出版社 2000 年。

203. 蕭滌非：《漢魏六朝樂府文學史》，北京：人民文學出版社，1984 年。

204. 葛曉音：《八代詩史》，西安：陝西人民出版社，1989 年。

205. 王運熙：《魏晉南北朝文學批評史》，上海：上海古籍出版社，1989 年。

206. 張少康、盧永璘編：《先秦兩漢文論選》，北京：人民文學出版社，1996 年。

207. 褚斌杰、譚家健主編：《先秦文學史》，北京：人民文學出版社，1998 年。

208. 聶石樵著：《先秦兩漢文學史稿》，北京：北京師範大學出版社，1994 年。

209. 趙敏俐著：《漢代詩歌史論》，長春：吉林教育出版社，1995 年。

210. 北京大學中國文學史教研室：《魏晉南北朝文學史參考資料》，北京：中華書局，1990 年版。

211. 羅宗強：《魏晉南北朝文學思想史》，北京：中華書局，1996 年。

212. 羅宗強：《玄學與魏晉文人心態》，杭州：浙江人民出版社，1990 年。

213. 余冠英選注：《三曹詩選》，北京：人民文學出版社，1979 年 2 版。

214. 余冠英選注：《漢魏六朝詩選》，北京：人民文學出版社，1978 年 2 版。

215. 逯欽立輯：《先秦漢魏晉南北朝詩》，北京：中華書局，1983 年。

216. 吳小如等編：《漢魏六朝詩鑒賞辭典》，上海：上海辭書出版社，1992 年。

217. 曹道衡：《中古文學史論文集續編》，北京：中華書局，1970 年版。

218. 曹道衡：《中古文史叢稿》，北京：中華書局，1986 年版。

219. 曹道衡、沈玉成：《南北朝文學史》，北京：人民文學出版社，1991 年版。

220. 曹道衡：《漢魏六朝文學史論文集》，桂林：廣西師範大學出版社，1999 年

221. 曹道衡、劉躍進：《南北朝文學編年史》，北京：人民文學出版社，2000 年版。

222. 曹道衡、傅剛：《蕭統評傳》，南京：南京大學出版社，2001 年版。

223. 曹道衡：《中古文學史論文集》，北京：中華書局，2002 年版。

224. 曹道衡：《蘭陵蕭氏與南朝文學》，北京：中華書局，2004 年版。

225. 曹道衡，劉躍進：《先秦兩漢文學史料學》，北京：中華書局，2005 年版。

226. 曹道衡：《南朝文學與北朝文學研究》，北京：中國社會科學出版社，2007 年版。

227. 曹道衡：《漢魏六朝辭賦》，上海：上海古籍出版社，2011 年版。

228. 傅剛：《魏晉南北朝詩歌史論》，長春：吉林教育出版社，1995 年版。

229. 傅剛：《魏晉風度》，上海：上海古籍出版社，1997 年版。

230. 傅剛：《文選版本研究》，北京：北京大學出版社，2000 年版。

231. 傅剛：《昭明文選研究》，北京：中國社會科學出版社，2000 年版。

232. 駱鴻凱：《文選學》，上海：中華書局，民國二十六年（1937）版。

233. 屈守元：《文選導讀》，成都：巴蜀書社，1993 年版。

234. 穆克宏：《昭明文選研究》，北京：人民文學出版社，1998 年版。

235. 范志新：《文選版本論稿》，南昌：江西人民出版社，2003 年版。

236. 汪習波：《隋唐文選學研究》，上海：上海古籍出版社，2005 年版。

237. 王書才：《明清文選學述評》，上海：上海古籍出版社，2008 年版。

238. 鄭振鐸：《鄭振鐸全集》，石家莊：花山文藝出版社，1998 年版。

239. 褚斌杰著：《中國古代文體概論》，北京：北京大學出版社，1990 年版。

240. 郭紹虞：《照隅室古典文學論集》，上海：上海古籍出版社，1983 年版。

241. 啓功、張中行、金克木著：《說八股》，北京：中華書局，2000 年版。

242. 陳平原、王德威、商偉主編：《晚明與晚清：歷史傳承與文化創新》。武漢：湖北教育出版社，2000 年版。

243. 商傳：《明代文化史》。上海：東方出版中心，2007 年版。

244. 陳江著：《明代中後期的江南社會與社會生活》，上海：上海社會科學院出版社，2006 年版。

245. 陳建華：《中國江浙地區十四世紀至十七世紀社會意識與文學》，學林出版社 1992 年版。

246. 龔鵬程：《晚明思潮》，北京：商務印書館，2006 年版。

247. 程國賦：《明代書坊與小說研究》，北京：中華書局，2008 年版。

248. 葉再生編：《出版史研究》第四輯，北京：中國書籍出版社，1996 年版。

249. 謬咏禾著：《中國出版通史‧明代卷》，北京：中國書籍出版社，2008 年版。

250. 海鹽縣志編纂委員會編：《海鹽縣志‧人物》，杭州：浙江人民出版社，1992 年版。

251. 曹道衡：《試論王船山思想的幾個問題》，《歷史研究》，1964 年 8 月。

252. 曹道衡：《也談山水詩的形成與發展》，《文學評論》，1961 年 5 月。

253. 曹道衡：《南朝文學三題》，《文學評論》，1990 年 3 月。

254. 曹道衡：《從樂論府詩的選錄看〈文選〉》，《文學遺產》，1994 年 7 月。

255. 曹道衡：《從兩首〈折揚柳行〉看兩晉間文人心態的變化》，《文學遺產》，1995 年 5 月。

256. 曹道衡：《南朝文風和〈文選〉》，《文學遺產》，1995 年 9 月。

257. 曹道衡：《關于南北朝文學研究問題之我見》，《文學遺產》，1995 年 11 月。

258. 曹道衡：《永明文學研究斷想》，《文學遺產》，1996 年 11 月。

259. 曹道衡：《關于〈文選〉中六篇作品的寫作年代》，《文學遺產》，1996 年 3 月。

260. 曹道衡：《再論丘遲〈侍宴樂游苑送張徐州應詔詩〉》，《文學遺產》，1997 年 11 月。

261. 曹道衡：《南北文風之融合和唐代〈文選〉學之興盛》，《文學遺產》，1999 年 1 月。

262. 曹道衡：《分期、評價及其相關問題——魏晉南北朝文學研究三人談》，《文學遺產》，1999 年 3 月。

263. 曹道衡：《〈文選〉對魏晉以來文學傳統的繼承和發展》，《文學遺產》，2000
     年 1 月。

264. 曹道衡：《關于楊衒之〈洛陽伽藍記〉的幾個問題》，《文學遺產》，2001
     年 5 月。

265. 曹道衡：《關中地區與漢代文學》，《文學遺產》，2002 年 1 月。

266. 曹道衡：《西魏北周時代的關隴學術與文化》，《文學遺產》，2002 年 5 月。

267. 曹道衡：《試論〈文選〉對作家順序的編排》，《文學遺產》，2003 年 3 月。

268. 曹道衡：《論東晉南朝政權與士族的關係及其對文學的影響》，《文學遺
     產》，2003 年 9 月。

269. 曹道衡：《東漢文化中心的東移及東晉南北朝南北學術文藝的差別》，《文
     學遺產》，2006 年 9 月。

270. 曹道衡：《論《文選》的李善注和五臣注》，《江海學刊》，1996 年 4 月。

271. 曹道衡：《略評王煦的〈文選李善注拾遺〉及其箋識》，《江海學刊》，1998
     年 1 月。

272. 曹道衡：《論江總及其作品》，《齊魯學刊》，1991 年 3 月。

273. 曹道衡：《論任昉在文學史上的地位》，《齊魯學刊》，1993 年 8 月。

274. 曹道衡：《梁武帝和「竟陵八友」》，《齊魯學刊》，1995 年 9 月。

275. 曹道衡：《關于〈文選〉的篇目次第及文體分類》，《齊魯學刊》，1996 年
     5 月。

276. 曹道衡：《從《文選》看中古作家的地域分布》，《齊魯學刊》，2004 年 11
     月。

277. 曹道衡：《郭璞和〈游仙詩〉》，《社會科學戰線》，1983 年 3 月。

278. 曹道衡：《略論北朝辭賦及其與南朝辭賦的异同》，《文史哲》，1991 年 6
     月。

279. 曹道衡：《略論晉宋之際的江州文人集團》，《中國文學研究》，1992 年 7
     月。

280. 曹道衡：《關于蕭統和〈文選〉的幾個問題》，《社會科學戰線》，1995 年
     10 月。

281. 曹道衡：《潘岳陸機的高下分別》，《文史知識》，2002 年 2 月。

282. 傅剛：《賦之來源及其流變》，《上海師範學院學報》，1984 年第 3 期。

283. 傅剛：《文貴清省說的時代意義——論陸雲〈與兄平原書〉》，《文藝理論
     研究》，1984 年第 2 期。

284. 傅剛：《吳蜀文學不興的社會原因探討》，《社會科學研究》（四川），1986
     年第 2 期。

285. 傅剛：《陸機初次赴洛時間考辨》，《上海師範大學學報》，1986 年第 2 期。

286. 傅剛：《曹丕曹植文學價值觀的一致性及其歷史背景》（與人合作），《古代文學理論研究》第十一輯，上海古籍出版社 1986 年版。

287. 傅剛：《論陸機詩歌創作的藝術特色》，《上海師範大學學報》，1989 年第 2 期。

288. 傅剛：《太康文學思想述評》，《上海師範大學學報》，1992 年第 2 期。

289. 傅剛：《鄴下文學論略》，《建安文學新論——全國第三屆建安文學討論會論文集》，中州古籍出版社 1992 年版。

290. 傅剛：《關于陸機幾個問題的澄清》，《上海師範大學學報增刊》，1992 年號。

291. 傅剛：《吳邁遠生平事迹考》，《文學研究》第 3 期，南京大學中文系編 1993 年 4 月號。

292. 傅剛：《論〈文選〉所載陸機〈挽歌〉三首》，《文學遺產》，1996 年第 1 期。

293. 傅剛：《論〈文選〉「難」體》，《浙江學刊》，1996 年第 6 期。

294. 傅剛：《他山之石，可以攻玉——簡評日本學者清水凱夫〈詩品、文選論文集〉》，《文學遺產》，1996 年第 3 期。

295. 傅剛：《論漢魏六朝文體辨析觀念的產生和發展》，《文學遺產》，1996 年第 6 期。

296. 傅剛：《〈文選〉編者及編纂年代考論》，《中國社會科學院研究生院學報》，1997 年第 1 期。

297. 傅剛：《從〈文選〉選詩看蕭統的詩歌觀》，《國學研究》第四卷，北京大學出版社 1997 年版。

298. 傅剛：《永明文學至宮體文學的嬗變及梁前期文學狀態》，《社會科學戰線》，1997 年第 3 期。

299. 傅剛：《論〈文選〉的編輯宗旨、體例》，《鄭州大學學報》，1997 年第 6 期。

300. 傅剛：《關于日本古鈔〈文選〉殘二十一卷》，《文學遺產》，1997 年第 6 期。

301. 傅剛：《文選版本敘錄》，《國學研究》第五卷，北京大學出版社 1998 年 5 月版。

302. 傅剛：《傳統選學和新選學》，《文史知識》，1998 年第 4 期。

303. 傅剛：《文選三十九類說補證》，《文獻》，1998 年第 3 期。

304. 傅剛：《試論梁代天監、普通年間文學思想與創作》，《文學遺產》，1998 年第 5 期中華書局 1998 年 10 月版。

305. 傅剛：《關于〈文選〉分類——屈守元先生〈紹興建陽陳八郎本文選五臣注跋〉讀後》，《書品》1999 年第 3 期，中華書局 1999 年版。

306. 傅剛：《〈文選〉與中古文學研究》，《文史知識》，1999 年 11 月。

307. 傅剛：《關于現存幾種五臣注〈文選〉》，《中國典籍與文化論叢》第五輯，中華書局 2000 年 2 月版。

308. 傅剛：《〈文選〉的流傳及影響》，《中國典籍與文化》，2000 年第 1 期。

309. 傅剛：《論韓國奎章閣本〈文選〉的文獻價值》，《文獻》，2000 年第 3 期。

310. 傅剛：《〈典論·論文〉二題》，《中國古代文學理論研究》，第 19 輯。

311. 傅剛：《漢魏六朝撰著作者考論》，《中國文化研究》秋之卷。

312. 傅剛：《從〈文選〉選賦看蕭統的賦文學觀》，《北京大學學報》，2000 年 1 月。

313. 傅剛：《〈玉台新咏〉編纂時間再討論》，《北京大學學報》，2002 年 5 月。

314. 傅剛：《〈玉台新咏〉與〈文選〉》，《中國典籍與文化》，2003 年 3 月。

315. 傅剛：《宮體詩論》，《中國典籍與文化》，2004 年 3 月。

316. 傅剛：《從〈文選序〉幾種寫、鈔本推論其原貌》，《廣西師範大學學報》，2004 年 3 月。

317. 傅剛：《南朝樂府古辭的改造與艷情詩的寫作》，《文學遺產》，2004 年 5 月。

318. 傅剛：《曹植與甄妃的學術公案——〈文選·洛神賦〉李善注辨析》，《中國典籍與文化》，2010 年 2 月。

319. 傅剛：《「文選學」的發展與〈文選〉版本研究》，《鄭州大學學報》，2010 年 5 月。

320. 傅剛：《〈文選集注〉的發現、流傳與整理》，《文學遺產》，2011 年 9 月。

321. 李伯重：《簡論「江南地區」的界定》，《中國社會經濟史研究》，1991 年第 1 期。

322. 張伯偉：《評點四論》，原載《中國學術》第六輯，北京：商務印書館，2001 年 5 月。

323. 付瓊：《明代〈文選〉學衰落說質疑》，《廣西社會科學》08 年 11 期。

324. 付瓊：《明代文學復古運動與〈文選〉的再度盛行》，《廣西師範大學學報》第 45 卷，2009 年 3 期。